N 51814

I0153564

BIBLIOTHECA ROMANICA

EDENDAM CURAT W. v. WARTBURG

Series altera

SCRIPTA ROMANICA SELECTA

II

IE﹣X
7152
(2)

BIBLIOTHECA ROMANICA

EDENDAM CURAT W. v. WARTBURG

Series altera

SCRIPTA ROMANICA SELECTA

II

CHRESTOMATHIE
FRANCO-PROVENÇALE

RECUEIL DE TEXTES FRANCO-PROVENÇAUX
ANTÉRIEURS À 1630

PAR

PAUL AEBISCHER

Professeur à l'Université de Lausanne

A. FRANCKE S.A. EDITEURS BERNE

46° X
11152
(2)

CHRESTOMATHIE
FRANCO-PROVENÇALE

RECUEIL DE TEXTES FRANCO-PROVENÇAUX
ANTÉRIEURS À 1630

PAR

PAUL AEBISCHER
Professeur à l'Université de Lausanne

A. FRANCKE S.A. EDITEURS BERNE

Copyright 1950 by A. Francke AG Berne

Tous droits réservés

ACQUISITION

N° 31·4919

AVANT-PROPOS

« Für eine franco-provenzalische Litteratur neben der provenzalischen und französischen war kein Raum », a écrit Gustav Gröber [1]. Sans doute le franco-provençal, relégué dans ses vallées et ses montagnes, n'a-t-il rien de
5 comparable aux poésies lyriques provençales ou champenoises, aux chansons de geste ou aux romans d'aventure, aux fabliaux ou aux mystères. Si haut qu'on peut remonter dans le temps, à Lyon, à Grenoble, en Savoie, dans ce qui fait aujourd'hui la Suisse romande, on constate
10 que l'idéal de qui écrivait peu ou prou était le français, ou, au pis aller, le bourguignon. Et cependant ces deux dalles, la dalle française et la dalle provençale, n'ont point été si minutieusement ajustées qu'il ne soit resté entre elles un joint minuscule, un minime interstice où, dans un
15 bien maigre terreau, ont pourtant pu germer quelque plante utile ou quelque fleur des champs: chartes rédigées par un scribe qui n'avait que de vagues lueurs sur la langue littéraire, comptes grossoyés par quelque administrateur peu féru de beau parler, listes de droits de péage qu'il fallait
20 bien que le menu peuple pût comprendre, d'une part; de l'autre chansons populaires, noëls, rôles de fous dans des mystères joués en de lointaines bourgades, poèmes satiriques dont les auteurs étaient si proches du terroir qu'ils en empruntaient le langage. De tout temps, le franco-
25 provençal a été un pis-aller; et ce n'est pas d'hier non plus qu'il sert surtout à faire rire.

---

[1] *Grundriss der romanischen Philologie*, vol. 1, 2ᵉ éd., Strassburg, 1904-1906, p. 557.

5

Le plus grand ennemi de la littérature – je prends ce terme dans son acception la plus vaste – franco-provençale a été le français: qu'ils soient du Forez ou de Fribourg, de Grenoble ou de Genève, nos premiers textes déjà en sont marqués. Mais elle en a eu un autre: le latin. Dans toutes les terres soumises à la juridiction de la maison de Savoie, ou à son influence, l'usage s'est maintenu très tard de rédiger les chartes en latin: et du latin on a passé directement au français. Et souvent même des textes de moindre importance, comme les comptes, ont été écrits en latin, latin bourré de termes vulgaires, farci de barbarismes, mais latin quand même. Ce qui fait que, pour la Savoie par exemple, il faut attendre le XVIe siècle, avec Nicolas Martin et son école, pour trouver des oeuvres patoises: tout ce qui y a été écrit antérieurement l'a été, ou en latin, ou dans une langue vulgaire à tel point francisée qu'elle ne pouvait intéresser le présent recueil. Mais la Savoie, grâce à ses poètes, est encore favorisée: le Valais, la Vallée d'Aoste, eux, n'ont pu fournir la moindre ligne qu'il m'ait été possible de reproduire ici.

Parmi les textes qui suivent, il y a quelques inédits, mais c'est naturellement une minorité. Pour les autres, je les ai reproduits en général tels qu'ils ont été publiés, me gardant surtout de les émender, de les améliorer, c'est-à-dire en pratique de remplacer des formes plus ou moins françaises par des formes plus franco-provençales. Une ou deux fois seulement, j'ai corrigé une erreur d'impression manifeste; dans de rares autres cas – et je l'ai mentionné chaque fois dans la brève introduction qui précède chacun des morceaux – j'ai modernisé la ponctuation et l'orthographe, en ce qui concerne l'emploi de u et v, de i et j, et j'ai tenté de donner au texte un aspect moins rébarbatif en coupant les mots ainsi que le sens l'exigeait. Ce que par contre j'ai fait chaque fois que cela m'a été possible, ç'a été de vérifier ou de faire vérifier le texte sur les originaux, ou sur les éditions les plus anciennes.

6

FOREZ

1

LISTE DES VASSAUX DU COMTE DE FOREZ
ET DE LEURS FIEFS

Extraits

Forez, vers 1260. – Liste dressée vers 1316 d'après un rôle
et un registre datant des environs de 1260. Publié dans les
Chartes du Forez antérieures au XIVe siècle, Mâcon, 1938,
n.º 903.

[1] .... [jur]ablo et rendablo, e nos non trovem pas letra ne
de luy ne de moss. Johan.

[6] [Girar]z de Mayis fit homage lige de Cuseu et de ses
apertenences jurable e rendable et de [tot]czo qu'il avet
5 a Seint Galmer el chatel e desfor dedenz lo mandament,
especialment [   ], e ja seit czo que nos ayam letra velli
de Cuseu, nos non trovem pas letra ne vielli [ne] novella
del remanent.

[7] [A]ncelmo Richarz fit homage lige de Magneu lo
10 Garbion et de ses apertenences jurable et rendable [   ]
non trovem letra ne velhi ne novella. Guicharz sires de
Montagneu n'a dona.

[12] Folc[o]s de Botheon fit homage lige de tot czo qu'il
a a Botheon e en les apertenences ou por sey ou por les
15 [en]ffanz Bonavia e a Seint Roman e en les apertenences,
e sa vigni de Syureu, ella meytia del bos de Robertana.
E nos non trovem letra ne velli ne novella.

[23] Raynauz Malvisins fit homage lige della Lega jura-
bla e rendabla e de tot czo qu'il a dedenz los fossas e defor;
20 e ja seyt czo que Johanz Dynaci e sa fema n'ayont fayt
lor recognussensi, tostans ne la fema non l'an pas [fayti].

[29] Moss. Hugos de Beunna fit homage lige de sa may-
son de Neyvant jurabla e rendabla, e tint de feu la vila

7

de Seint Sulpis, e czo qu'il a aquereu a Bussi de moss. Ponz
25 del Teyl ella pea qu'il a el chatel de Seint Just, e czo qu'il
a en la vila de Bussi e en l'aygui d'Anzon e de Mathou;
de que nos non avem letra velhi ne novella. E ja seit czo
que nos ayam letra de moss. Johan de Beunna, yczo non
si contint pas.

30 [32] [J]ohanz de Vernolli fit homage lige della mayson
de Vernolli jurabla e rendabla [deden]z los termenz qui
sunt el registro, e ja seit czo que nos ayem letra de moss.
Rotllant de Vernolli de Chantyrie, nos non l'avem pas de
celluy qui tint Vernolli ne de la neci moss. Rotllant.

35 [37] Rotllanz Gros fit homage lige de czo qu'il a a Mar-
celleu e el mandament e de la meytia del mas de [   ]rdel-
lon e de les homage que hom li deit rendre por sa mayson
de Bussi e de czo qu'il a a Bussi. Non n'avem pas letra.

[38] Guillelmos Renoz fit homage lige della mayson no-
40 veyri et delles apertenences e del ort qu'il tint a Chatellud,
et Hugos sos fils fu presenz e outreyet. Non y a pas letra.

[57] Guillemos de Graysoles, del demo qu'il a el man-
dament de Seint Just, del cart, la rue fornere, lo Cros, e
tot czo qu'il a el mandement de Seint Just, excepta los
45 Tremblos et los Verneys Aloir, e ja seit czo que y ait letra
non sy contint pas tot czo qu'il a el mandement de Seint Just
en la letra.

[67] Moss. P. Vachiers, de czo qu'il a el mandament de
Cerveri. Ge non trovo pas letra.

50 [78] Bernarz D[umon]z, dessa mayson de Peladuc jurabla
e rendabla, e dels usaiges del bos de Challet, della regalia
de Manuel, de Layra, de Gorces, del demo soz lo chimin
de Layra Jobert e de Bos Grant; e ja seit czo que Johanz
Adobas de Cervere ayt dona letra della mayson de Peladuc
55 et de plusors autres choses, en la letra non se contint pas
que illi seit jurabla e rendabla, ne plusors les autres choses
sus escrites.

[90] Moss. Otranz de Verneys fit homage lige de plusors
choses qui sunt el registro veis del Roc[   ], de que non
60 y a pas letra.

8

[102] Moss. Guillelmos de Chatel fit homage de Clinays e del demo de Seint Clement que tinont de luys Anselmos del Bos e Peros. Non y a pas letra.

[108] [Gilberz] de Veic, de plusors choses qui sunt el
65 rotllo. Ja seit czo que nos trovam letra, non s'y contint pas czo [   ]bla.

[112] Chatarz de Liminet fit homage lige de sa mayson de Liminet et czo qu'il a entre . II . aygues, qui sunt el rotllo, e la pia de Seint Just; et ja seit czo que Guillelmins
70 de Liminet ayt dona letra de sa mayson de Liminet e del mas, il non l'a pas consina issi com est el rotllo, ne y a pas feit mencion de la pea de Seint Just.

[114] [Moss. Chatarz] della Garda fit homage lige della meytia de czo qu'il a a Seint Aont e de la quarta part
75 del bos de Nays. Non a y pas letra.

[122] Girardins Vels fit homage lige de czo qu'il a el chatel de Seint Aont e de la grangi de Chance qu'il a por sa fema. Non y a pas letra, quar ja seit czo que Jofreys Vels, Guigos Vels e Raynauz Vels aont dona letres, en
80 celles letres non se contint pas czo de Girardin.

[144] Johanz de Jusses fit homage lige de czo qu'il a a Seint Priet e la meytia de Saloyes el chimin viel qui vayt ves Leyri. Non y a pas letra; tot est aliena.

[183] Moss. Humberz della Tor, della mayson e de czo
85 qu'il a dedenz les termenz della Tor, e de czo qu'il a dedenz les termenz della Follosa, e della grangi e del molen e de les pertinences. Non y a pas letra.

[184] Moss. Guigos Charsala fit homage lige de czo qu'il a en la parroche de Violeys e de . II . curtils de Bezces.
90 [186] Moss. Gaudemarz d'Escotay fit homage lige della mayson et de czo qu'il a el borc [e] el chatel de Montbrison e de czo qu'il a en la Sal e delles vignes della Siryssi e de czo qu'il [a el mandament] della Roa, e del pra de Mal Pertus; e ja seit czo que il ayt dona letra, on non y fait pas
95 mencion de cestes choses.

2

RECONNAISSANCE DE FIEF

St.-André en Roannais, 1289, 8 mai. — Publié d'après l'original dans les *Chartes du Forez antérieures au XIVe siècle*, Mâcon, 1934, n.º 377.

Ge, Girarz de Boiset, curez de Saint André am roanneys, fois asavoir a toz ceauz qui verunt cetes presemtes letres, que Arconz, mes parrochians, tint ce que el ha en la parroche de saint André a mon segno lo conto de Foreis
5 isi come il ha confessé par davant moy am verité, c'est asavoir:

Un pré avoy les apartenances, dedanz loqual pré il a fait et edefié . I . maison par amur de monsegnor lo conte; loquel pré il a aquis de Salmin Richain, donzel, a cens et
10 a servis de . XIIII . den. parisis; lequels choses sunt asises de coté lo chimin qui vait de saint André a seint Ayont d'une partie, et la via publica qui vint de Foreis a saint Ayont d'autre, et de cota la terra a la dame de saint André d'autre, et de cota un pra qui est de la segnoria de
15 monsegnor Guillaume Arnaut, chivalier, d'autre.

Item tint et porta una vigne am celle parroche davant dite, li quauz vigne est apellea an les Verges, asise de coté la vigne Manessé d'une partie et la vigne a la proota de saint Ayont d'autre.
20 Item tint et porta una pece de terra asise am celle parroche, asise de cota al prior de Bellue que tint Duranz Audras de una part, de cota la terra Salmin Richaym d'autre; les quauz choses desus dites confesse li diz Arconz par davant mei que il les tint de monsegnor lo conto
25 de Foreis a fé et a omage lige, et por ce quar li diz Arconz ne ha point de seel, il m'a priié que je l'en doneise letre et poiseise mon sel.

Em quel temogin de garentie, a la priere et a la requeste, ge li chapellains desus diz del dit Arconz, mon sel propro

10

₃₀ pose am cetes letres, donea et faite lo mercres d'avant
Pentecosta, l'an de grace mil et CCLXXX nonog., el
meis de may.

3

TESTAMENT DE JOHAN DE BOURBON

Feurs, 1289. — Transcription, en date du 22 avril 1289, sur
le registre des insinuations de Feurs, par le greffier du juge
du comté de Forez, des dispositions de dernière volonté con-
tenues dans le testament olographe d'un certain Johan de Bour-
bon, dispositions originales qui, selon l'usage, n'ont subi que
des modifications de pure forme: ce qui explique l'emploi tan-
tôt de la première, tantôt de la troisième personne. Ed. E. Phi-
lipon, *Les Parlers du Forez cis-ligérien aux XIIIe et XIVe siè-
cles*, Romania, 22e année (1893), pp. 20-22.

Nos Henricus Dessartines, legum professor, judex in co-
mitatu Forensi, notum facimus universis presentes litteras
inspecturis, quod anno Domini M° CC° octogesimo nono,
die Veneris post octabas Pasche, presentata nobis in scriptis,
₅ apud Forum, testamento seu ultima voluntate Johannis
de Borbono deffuncti, presentibus parentibus et amicis
ipsius deffuncti qui dicebant sua interesse.... dictum testa-
mentum seu ultimam voluntatem apperuimus, publicavi-
mus et de verbo ad verbum legimus et.... in formam pu-
₁₀ blicam, ad perpetuam rei memoriam, redigi facimus in
hunc modum:
1. Primo Johannes de Borbono pose essecutor de son
hostal Guillermo Chapelan et Johan Chapelan son fraro
et Vialet Foron d'Esperccu [et] Johan de Bonayr. Et
₁₅ laysse Filippan si muillier dona et senoreyssa de son hostal,
tant quant ley playra, et quant ley non playra, jo li dono
deys livres de parisis de meylurament hotre son mariajo
et una gonella et un surecot de bruneta, tant que a la
valor de c sols vien., et . XXX . livres de parisis de ma-
₂₀ riajo que illi i a.

11

2. Item . ix . chapellans per s'arma et a chascun dont hom . ij . sols vieneys, el jort que li essequtor o voudrant.

3. Item al chapelan de Rosers . V . sols de parisis per un anoal.

4. Item al chapelan de Civent . j . anoal de V sols de parisis.

5. Item . Xij ... parisis al pont de Saint Sorlin.

6. Item el pont del Palays de Fuer . ij . sols vianeys.

7. Item a les igleses d'Esperceu, de Civent, de Roserz, de Costances, a chascuna ygleisi . ij . [sols] vianeys.

8. Item a Sen Esteven de Lion . vj . [sols] vianeys; a la frauria de Saint Esperit de Rosers XX sols de parisis a rendre dedins . ij . anz.

9. Item laysse Stevenin son frauro deu fey et la soa, sos efans; et que los guart come per se, et que los aydayt a nurir et que no los bate, nos los malmeneyt.

10. Item comande que Peros sos fils, le annas de sos enfans, prene . X . livres de parisis de melurament, lay que il partrant, et salve si mare come sa chere mare; et que guart los enfans come per se et que non laysayt l'ostal mespartir, tant que illi viora.

11. Item comande que ho seyt anonsie a Rosse[r]s et a Costances, que si aveyt negun que se planet deluy, que li essequtor lor ho amendeysant el reguart de saint igleysi.

12. Item a paye Johan Chapelan ... C . sols de vianeys, a payer en mars de la..., paya.

13. Item a recet de Johan de Bonayr . XXX . livres vianeys del mariajo son fraro.

14. Item . XXXV . livres vianeys en deyt.

15. Ico vit Vialet Faure d'Esperceu et Andreuetz de Pervencheres et Clemens de Gutis et Peros Petals et Nicholas Bollers de Sen Marcelin. Testes sunt isti.

16. Datum lo vendros apres festa saynt Michel, anno Domini MCCXXXVIII. In cujus rei testimonium, nos prefatus judex huic presenti carte et publicationi, a nobis rite et sollempniter publicate, in formam publicam, ad perpe-

12

tuam rei memoriam, prout mores et juris est redacte, si-
gillum Forensis curiae duximus apponendum.

60   Datum anno, die et loco predictis.

4

FRAGMENTS DU TERRIER
DE LA SEIGNEURIE DU VERNEY (ST. GALMIER)

Forez, avant 1290. – Publié, avec des notes explicatives,
dans les *Chartes du Forez antérieures au XIVᵉ siècle*, Mâcon
1942, n.° 908.

II. . . . .
[1] ❡ Margarita Cailleta tint . Iᵃ. eymina de terra car-
tayva iuta lo ga de Leyri tene[n]t alla riveyri Nugo[n]
Surceu d'una part e iuta la t[er]ra dal dit Nugon Surceu
5 d'autra.

It[em] deit . XV . d. v. p[er] les t[er]res q[ui] s'en segont.

It[em] tint . I . dem[en]ch[ia] cart. alla riva de Coysi
[com]munal entre los enfanz dal Verney e Mainart, te-
ne[n]t alla t[er]ra al Fauro d'una part e iuta la t[er]ra
10 Andreu Boci d'al[tra].

It[em] . I . ort tene[n]t al uert alla Doetona d'una pa[rt]
e la t[er]ra dal Verney d'autra.

It[em] . I . pra q[ui] eit apell[a] le pras del Treyvo, te-
ne[n]t al p[ra] Hugon Derri d'una part e la t[er]ra mosse
15 Artaut d'autra.

It[em] deit . I . chapon p[er] lo pra qui eit al Saynnaz,
tene[n]t alla t[er]ra Maynart d'una part e iuta la t[er]ra
del Verney d'aut[ra].

It[em] . I . pra en les Saynnes tene[n]t alla terra del
20 Vern[ey] de czay et de lay e la vi Poysenchi d'autra.

It[em] Iᵃ. eymina de t[er]ra cartayva en les Varenes,
tene[n]t alla vi Poysenchi d'una part e iuta la t[er]ra del
Verney d'autra.

13

[2] ¶ Vincenz Paynoz deit . VI . d. ob . I . mest[er] de
25 segla I. mester d'uerio e la seysena part d'un mest[er]
d'uerio e dimey chapon p[er] les t[er]res qui s'en segont,
premeyrime[n]t: . Iª. mest[era] de t[er]ra en les vinnes de
Mailleu tene[n]t alla terra Symeon Brunel de czai e de lai.

It[em] . Iª. cartala iuta los pras de Mailleu, ten[en]t alla
30 t[er]ra Michel Brunel d'una part e iuta la t[er]ra Pero[n]
Bergier d'autra.

It[em] . Iª. mest[era] d'uert en Leypinaci, tene[n]t alla
t[er]ra dal priora de Farges d'una part et iuta la t[er]ra
Bertholomeu Painot d'autra.

35 It[em] . I . dem[en]ch[ia] de t[er]ra tenent alla mayson
Vincent Painot d'una part e iuta la t[er]ra del Verney la
vi entremey d'autra.

It[em] . Iª. combla cartayrona de t[er]ra cartayva, te-
ne[n]t al pra de Leyt[ra] d'una part e iuta la t[er]ra del
40 Verney d'autra.

It[em] . I . mestera de p[ra] en Leytra, tene[n]t alla
terra del Verney d'una part e iuta la vi d'autra.

[3] ¶ Bartholomeus Paynoz e Hugo Paynoz devont
. I . mest[er] de segla . I . mest[er] d'uerio e la seysena
45 part d'un mest[er] de segla e dimey chapo[n] p[er] les t[er]-
res qui s'en segont, permeyriment: tinont . III . demench.
de t[er]ra en les Bruyeres tene[n]t alla t[er]ra Simeon Bru-
nel d'una part e iuta la t[er]ra P. Bergier d'autra.

Item . I . mestera de p[ra] en Leypinaci tenent al pr[a]
50 Maynart d'una part e iuta la t[er]ra dal dit Maynart d'autra.

Item . I . dem[en]ch[ia] de t[er]ra censiva tene[n]t alla
t[er]ra d[al] priora de Farges d'una part e iuta la t[er]ra
dal Verney la vi entremey d'autra.

It[em] . I . mestera de p[ra] en Leytra tene[n]t alla t[er]ra
55 dal Verney d'una part e la vi p[er] la qual on vait a Saint Gal-
mier d'aut[ra].

It[em] . Iª. combla cartayrona de t[er]ra cartaiva tene[n]t
al pra de Lestra d'una part e iuta la t[er]ra dal Verney
d'autra.

60 [4] ¶ Hugo Paynoz dedit . Iª. oy p[er] una co[m]bla

14

mest[era] de t[er]ra censiva q[ui] se tint alla riveyri Este-
venin Boater d'una part e iuta la costa a la Larda d'autra.

[5] ¶ Joh[an]ins Bissons deit . II . sol. V. I. dem[enc]
d'uerio . III . mest[ers] de segla . Iª. oy c . I . chapon per
65 sa may[   ] la v[er]cheyri e p[er] lo pra tenent a sa may-
son [   ] de la Rua la vi entremey d'una part e[   ]ri
Estevenin Boat[er] d'aut[ra] e iuta Coysi d'autra.

It[em] . I . mest[era] e la qual ha . I . petit de riveyri
iuta Coysi d'una part e iuta la t[er]ra Michel Brunel
70 d'aut[ra].

[6] ¶ Jaq[ue]metz Dinas deit . VI . d. V. I. chapo[n] e
. I . demen[c] de segla lo qual deit aportar al Verney p[er]
. Iª. de[m.] de terra en la riveyri grant, tenent alla t[er]ra
Mar[tina] li mara d'una part e iuta la terra Peronin Di[na]
75 d'autra.

[7] ¶ Jaquins Felions dedit . II . sol. V. e . II . oyes
p[er] . Iª. dem[en] chia de t[er]ra censiva al pont veil de
Mayleu, tene[n]t alla t[er]ra Clamenz Fulcher d'una part.

[8] ¶ Johanins Vials deit . I . mest[er] d'orio p[er] . III .
80 mest. de t[er]ra censiva en la Supeyri, tene[n]t alla t[er]ra
Simeon Rifer d'una part e iuta la t[er]ra Simeon Vial d'autra.

[9] ¶ Petrus Vials deit . Xii . d. V. per una seytiva de
pra q[ui] eit en Grisineu tene[n]t al p[ra] Simeon Vial d'una
part e iuta lo pra P. Chalmeis d'autra.
85 [10] ¶ Simeonz Vials tint . III . cartalais de t[er]ra car-
tayva vers les forches, tene[n]t alla terra Johanin Boci
d'una part e iuta la t[er]ra Andreu Vial d'autra.

It[em] . I . cartal de t[er]ra cartayva de soz leis forches,
tene[n]t alla t[er]ra Andreu Vial d'una part e iuta la t[er]ra
90 Berthol[omeus] Vial d'autra.

It[em] . I . eymina de t[er]ra al cinqen e les Vacheries,
tene[n]t al p[ra] Andreu Berno d'una part e iuta lo pra
Vincent Girart d'aut[ra].

[11] ¶ Petrus Dinas deit . I . demenc de segla p[er] . III .
95 cartayronais de t[er]ra censiva en la riveyri grant,tene[n]t
alla terra Jaquemet Dina d'una part e iuta la terra P. Faci
d'aut[ra].

15.

It[em] . I . demenc de segla per . Iᵃ. dem[en]ch[ia] de
t[er]ra avoy la riveyri censiva, tene[n]t alla riveyri Math.
100 Boca d'una part e iuta la riveyri Johanin Chardo[n] d'aut[ra].

[12] ❡ Joh[anz] Mutins de Planceu tint . I . demench[ia]
de t[er]ra al vinten alla Chanal, tene[n]t alla t[er]ra Girar-
don d'una part e iuta lo p[ra] Mosse Artaut d'autra.

[13] ❡ Andr[eus] Bruneuz dal Poys deit . II . sol. e
105 VI d. v. p[er] una seytiva de p[ra] al Brueyl tene[n]t al riu
d'Anziu d'una part e iuta la vi p[er] la q[ua]l on vait dal
Poys a Montraont d'autra.

It[em] . I . mest[er] de froment p[er] una mest[era] de
pra tene[n]t al p[ra] dal Verney d'una part e iuta la t[er]ra
110 Andreu Chalmeys d'aut[ra].

[14] ❡ Estevenz Chalmeys deit . VI . v. p[er] una seytiva
de pra q[ui] est alla Fauressa tene[n]t al p[ra] Peron Chal-
meys d'una part e iuta la t[er]ra Simeon Vial d'autra.

It[em] . Vi . v. p[er] una dimey seytiva de p[ra] largi alla
115 Fauressa, tene[n]t alla t[er]ra Simeon Vial d'una part e
iuta lo p[ra] Peron Chalmeys d'autra.

Item . V . v. p[er] una dimey seytiva de p[ra] al pra dal
Riu tene[n]t al pra Clam[en]cin Viala d'una part e iuta lo
p[ra] Thoma Cartal d'aut[ra].

120 It[em] . I . dem[en]c de segla p[er] una eymina de t[er]ra
en les Brayes censiva tene[n]t alla t[er]ra Johanin Chal-
meys d'una part e iuta la t[er]ra Guillalmin Tissot d'autra.

[15] ❡ Columba Meyllarenchi tint . Iᵃ. eymina de t[er]ra
al cinquen en T[er]raczon, tene[n]t alla vi per la qual on
125 vait de Maillieu a Bella Garda d'una part e iuta la terra
Hugon Boriatz d'aut[ra].

[16] ❡ Estevenz Bernos de Planceu tint . III . demench.
de t[er]ra al vinten alla Chanal, tene[n]t alla t[er]ra Vin-
ce[n]t Girart d'una part e iuta la t[er]ra Pero[n] Berno
130 d'autra.

[17] ❡ Simeonz Escofers deit . VI . sol. II . meinz. v.
dem. de segla e . II . ialines p[er] les t[er]res qui s'en segont,
permeyriment: tint . I . demench. de t[er]ra censiva sur
la font de Cha[m]paineu tenent alla t[er]ra dal p[ri]ora de

16

135 Farges d'una part e iuta la terra Guillalmin lo rachaz d'autra.

It[em] . III . dem[en]ch. de t[er]ra iuta la vi p[er] la qual on vait de Mo[n]raont a Saint Galmer, tene[n]t alla terra Estheven Percet d'una part e iuta la t[er]ra Pero[n] Chalmeis d'autra.

140 It[em] . III . mest. de t[er]ra a Talaiseu tene[n]t alla t[er]ra de la Rua d'una part e iuta la t[er]ra Johanin Chapot d'autra.

It[em] . I . dem[en]ch. de soz la sableyri dal Verney, tene[n]t alla t[er]ra Vileton d'una part e iuta la t[er]ra 145 Peron Faci d'autra.

It[em] cartala de t[er]ra iuta la vi de les Graveyres tene[n]t alla t[er]ra Estheven Vileton de czai e de lai.

It[em] . III . dem[en]ch. de t[er]ra tene[n]t al Glatons de Cuyseu iuta la t[er]ra P. Chalmeis d'una part e la t[er]ra 150 mane[n]t de Cuyseu d'autra.

It[em] .V. mest. de t[er]ra en la vi del pras, tene[n]t alla t[er]ra P. Chalmeys d'una part e iux[ta] la t[er]ra de Bonlue qui eit dal dit tenementer d'autra.

It[em] . III . mest. de terra al lue onc soliont estre les 155 vignes, tene[nt] alla t[er]ra al Boriatz d'una part e iota la terra Cartal d'autr[a].

It[em] . III . demench. de t[er]ra tene[n]t al t[er]raor de la font de Bel Dinar iota la t[er]ra Cartal d'una part e iota la t[er]ra Johanin Jay d'autr[a].

160 It[em] . I . demench. de t[er]ra de soz la font de Bel Dinar, tene[n]t alla t[er]ra Johanin Jay d'una part e iota la t[er]ra Cartal d'autra.

It[em] . I . demench. en les Lites tenent alla t[er]ra Cartal d'una part et Johan Jay d'autra.

165 Item . I mest. de terra en les Vercheyres de Maylleo tene[n]t alla terra P. Chalmeys d'una part e iota la t[er]ra Clamenz Fulcher d'autra.

Item . I . demenchia de terra tenent [a la] vi de Leytra per la qual on vait [a saint Galmer?] iota la terra H. Bo-170 ri[atz].

5

BALLET EN LANGAGE FORESIEN

Extrait.

Saint-Etienne, 1605. — Poème de 412 vers composé de deux parties comprenant chacune six monologues de trois bergers et de trois bergères, et suivi d'une chanson finale de 54 vers en neuf sizains. Dans la première partie, chaque berger invite sa bergère à la danse; la bergère répond en acceptant. Après une danse rustique, les six personnages célèbrent à tour de rôle l'amour. L'auteur probable de la pièce est Marcellin Allard. Ed. E. Veÿ, *Le ballet foresien de 1605 en dialecte de Saint-Etienne*, thèse complémentaire présentée à la Faculté des Lettres de Lyon, Paris, 1911, p. 44 sqq. Cf. pour la langue E. Veÿ, *op. cit.*, pp. 32-37, et le même, *Le dialecte de Saint-Etienne au XVIIe siècle*, Paris, 1911.

Colin.

Ben graney seyan le meysson,
Et Dio gar de ma lou garson
Que leysson la viat et lou gére
Par dancye avoy le bargére,
5   Le carte, lou da et le guille
Par se gala avoy le fille !
Que sier tou de se trazeyrie ?
Vou n'é que charchie de veyie
Et se revondre din la bena
10   De calamitat et de pena,
Qua jamey de malencounit
Ren que sét d'eplét nou venit.
Par sou, Alizon, mon confor,
La fréchura de mon réfor,
15   Lou chamarat de me-z amour,
La fina gema de mou jour,
Mou-n or, mou-n argen et ma perla,

18

Mon buye, mon bachat, ma gerla,
Ma girouflea, mon pie d'alueta,
Gy t'en prio, fezon la palueta.
Et te, Guillot, avoy Bidault,
N'etogie pa lou soubresault;
Ma empeniede de courajou
Le gente fille do mazajou,
Et vou veyry, sen me fossa,
Comma gy le voy trenoussa.
Seyvy donque, bella Alizon,
Vou ya prou que nou devison;
Secouyon su-z iquétte blotte
La chazerassy de le crotte,
Et à quauque pry que nen vene,
Montra comma tu te demene,
Et que tu n'a pa tout l'etio
La chamizy arrapat ó quio,
Ma, quan voé dit, ossy levrery
Que filli d'iquetta charrery.

Alizon.

Genty Colin, que j'amou myo
Que le-z etialle de mou-z io,
Mio que l'amourouza se pous[s]e,
La rafoulouza se simous[s]e,
Le pétourés[s]e lour palias[s]on.
Lou coutaramber lou pesson,
Que le mouche n'amon lou lat
Et lou meyssonnye la peylat,
Diréy jou en una parolla,
Qu'oére conta una rafolla,
Genty Colin, genty Cola,
Que d'o féyre n'e jamey la,
Lou capio d'iquéle véyie,
Que romprit davan que pleyie,
O metye jamey engrotat,

19

Ma, comma ben eparmentat,
Toujour ossy drét qu'un guillon,
En emouey comm'un parpalion,
Ma viat, mou-n ounou, ma sandat,
Tout quan qu'à Dio j'ey demandat,
Sét que sét, sarat que sarat,
Gy farey sou que te plerat,
Et nou saréy jamey réydissy
A quacoda dyn la pelissy
Ton petit frare Bartomyo
N'ossa jou que la rey do quyo.

55

60

6

LÉGENDE DE SAINT BARTHÉLEMY, APÔTRE

Lyonnais, 13ᵉ siècle. – Ed. A. Mussafia und Th. Gartner, *Altfranzösische Prosalegenden aus der Hs. der Pariser Nationalbibliothek Fᴿ* 818, Wien und Leipzig, 1895, pp. 95-107. Sur la langue de ce texte, cf. A. Mussafia, *Zur Christophlegende. I.*, Sitzungsberichte der phil. hist. Classe der k. Akademie der Wissenschaften in Wien, 129. Bd., 9 Abh., Wien 1893, pp. 10-40.

De la passion saint Bartholomieu apostre.

1. Sainz Bertholomeus li apostres Jesu Crist entra en la derriana Indi, en cella qui se tint de l'une part a l'Occeano et de l'autra part a la region de Tenebres. Tantost co mes sire sainz Bertholomeus li apostres fu entrez en la
5 terra, il vint ont l'um aorave l'ydola Astarot et comenca iqui ester come hom estrangos. En cella ydola ere . I . diablos, qui disie que el garrie toz los malados, mais senz dota el no garie mais que cenz cui il donave la maladi, quar il eront senz verai Deu et per co eront escharni de
10 fauz deu. Li deables los escharnoit per art et per engin, quar il non ant verai Deu. Li diablos fait susfrir a ceuz qui non ant fei en Jesu Crist dolors, maladies, damagoz, perilz et lor done respons et lor oste les maladies que il lor avoit done. Et per co que il sacrifiant a sa ydola, per
15 co est evis a la folla gent que el los cure et sane, mais el no los gareist pas, mais que sol cesse d'els grevar, et quant il cessont del grevar, si cuidont que los ait garis.

2. Dont il avint que tant quom saint Bertholomeus fu iqui, Astaroz no poet donar respons a negun et no poet
20 a negun de cels aider que el avit greva. Et com li templos fu ja pleins de malados, et chascun jor crucifiavont, et Astaroz no lor donave negun respons, et li malado, qui

eront aporta d'estranges regions, gisiont per la placi. Et
quant li chapellan de les ydoles viront que per sacrifier
25 ne per euz escoisendre ne per criar ne lor darit respons,
si com el solie, il alleront a un'autra cita, ou avit . I . autro
diablo que l'un aorave, qui estoit appellez Beriht, et sa-
crifieront li et li demanderont por quoi lors deus Astaroz
non lor donave repons. Adonc lor respondit Beriht: « Quar
30 vostre deus Astaroz est pris et liez de chaenes ardenz et
est si enterement tenuz que el non est si ardis que el suspi-
reise ne parleise deis cella hora que Bertholomeus li apo-
stres Deu venit a son templo ».

3. Adonc demanderont li prevero de les ydoles al dia-
35 blo: « Qui est cel Bertholomeus ? » Et li diablos lor respon-
det: « El est amis de Deu omnipotent et per co est venus
en cest pais, que el destruie toz los deus et totes les ydoles
que li indian aorent ». Adonc li distront li preveiro de les
ydoles: « Di nos alcuns signos, a quoi nos lo poisum co-
40 noistre, quar en tanz melliers d'omenz quo a en nostra
cite no lo porrions trover ».

4. Adonc lor respondet li deables et lor dit: « A co
que jo vos direi lo pories conostre. Si chiveil sont neir et
crespo, sa charz est blanchi, si oil sont gros, ses nas esgals
45 et dreiz, ses oreilles sont cuvertes del peil de la testa, sa
barba est longi et appareist un po de chines, sa persona
est egals, et el non est trop granz ne trop petiz, et est vestuz
d'un colobion blanc, qui est ovras de porpra, et est affublas
d'un mantel blanc, qui est orlas de perres preciouses, de
50 chescune part vint. Or a . VI . anz que sa roba no est ma-
chinna ne enveilli. Cent foiz lo jor et cent foiz la nuit s'age-
noille et aore son Deu. Sa vois est si granz come vois de
busina. Li angelo Deu vant avoi lui, qui no susfront que
el laiseie ne que el ait fam ne sei. Toz jorz d'un endroit
55 et d'un corago, tota hora est joianz et alegros, tot quant
que est sat et tot o a sau, toz los lengagos de les genz entent
et sat parlar, et co que vos me demandas et co que jo vos
respondo de lui el sat ja, quar li angelo de Deu lo servont
et li fant a saver tot. Et quant vos lo comencerois a querre,

60 si el vout, lo trovaris, et si el non vout, vos non lo porris
trovar. Jo vos preio, quant vos l'areis trova, que vos li
preis que el non cai vigne, per co que li angelo Deu, qui
sont avec lui, non me facant co que il an fait a mon
compaignon Astarot ».

65 5. Et quant li diable ot ce dit, que il se queisa, li pre-
veiro de les ydoles se queiseront et torneront s'en en lor
cita et comenceront a regardar les faces et los homenz et
los habiz dels homenz, et deus jorz no lo poeront trovar.
Al terz jor avenit que un demoniais, qui avoit le deable
70 el cors, comencet a criar: « Bartholomeu, apostres Deu,
tes oraisons m'ardont ». Adonc mos seigner sainz Bertho-
meus l'apostres Jesu Crist li dit: « Queisi toi et sail de
celui ». Et tantost li dessennas fu garis, qui avit ita des-
sennas mainz anz.

75 6. Polimius, qui estoit rois de cel pais, avoit une fille,
qui estoit fors de son sen a lunaisons, et fu li dit que li
saint apostres Deu avoit gari . I . demoniais. Li rois l'ala
querre et lo preia et li dit: « Sire, ma fille est mout male-
ment travailla; jo te preio que issi co tu as gari Pseutio
80 lo demoniais, qui per tanz anz aveit porte sa maladie, que
issi, si te plait, tu garisses ma filli ». Adonc se leva mes
sire sainz Bertholomeus li apostres Jesu Crist et allet avec
lo rei et vit la filli al rei, qui estoit estreitiment liee de
chaines de fer, quar illi morzie et escoisendie et ferie toz
85 ceuz que illi poie tenir, et neguns non ere si ardis qui s'aproi-
mest de lei.

7. Adonc mes sire sainz Bertholomeus li apostres co-
manda que l'um la deliest, et li sergant distrent: « Qui i
osera metre la main vers lei ? » Adonc dit li sainz apostres:
90 « Jo tino ja lia l'enemi, qui ere la et levas la et donas li a
mengier, et demain la m'amenas ». Li sergant firont to
issi com lor avit comanda li apostres, et onques puis no
la poet travaillier li diables.

8. Adonc li rois fit charger chamels d'or et d'argent et
95 de robes et de peres precioses et fit o tot porter al saint
apostre. Mais li sergant, qui lo present menavont, no lo

23

troveront et torneront en lo present el palais al rei. Il
avint l'endemain bien matin a l'albe que mes sires sainz
Bertholomeus li apostres Jesu Crist fu a-ll'huis de la cham-
100 bra del rei et li dit: « Reis, por quoi me faisies tu er querre
et m'enviaves or et argent et peres precioses et robes?
Totes cestes choses non ant mester mes que a ceuz qui
aimont les terrenauz choses. Jo no quero neguna chosa
terrenal ne charnal. Dont jo veil que tu saches que li filz
105 Deu deignet naistre del ventro de la sainti virgina Maria,
issi que el fust hom conceus de saint Esperit el ventro de
la sainti virgina Maria. Issi fu Deus et hom cel qui avit
fait lo ciel et la terra, la mer et l'aer et totes les choses
qui i sont. Ices est Deus et hom, qui nasquet de la sainti
110 virgina Maria, preist comencement d'omen en la sainti vir-
gina Maria, et el, qui est hom et ere Deus, non ot comen-
cement onques, mais il fu comencemenz de totes choses
visibiles et non visibiles creatures. Iceste sainte virgine
Marie non ot onques cure d'omen, mais voucit gardar sa
115 virginita enteiriment. Co fu li premeiri qui voiet sa vir-
ginita a Deu omnipotent. Per co ai dit « premeiriment »,
quar deis que hom fu fait el comencament del mont, ne-
guna fenna non avit voie sa virginita a Deu. Co fu la pre-
meiri entre les fennes, qui premeiri establit dedenz son
120 cuer que illi disist: « Sire Deus toz puissenz, jo t'ufreiso
ma virginita ». Com illi non aust onques apreis ne d'omen
ne de fenna ne per parolla ne per exemplo que illi voiest
sa virginita, illi establit especialment que illi remasit vir-
gina toz jors mais per amor de Deu.
125   9. A cesta virgina sainti, qui ere en sa chambra enclosa,
apparit sainz Gabrieuz, li angelos plus resplandenz que
soleuz. Quant li sainti virgina Maria lo vit, illi ot paor,
et sainz Gabrieuz li dit: « Deus te saut, Marie, de la graci
Deu replenie; nostre Sire est en toi; sainte virge, n'aies
130 paor; de saint Esperit as conceu ». Quant la sainte virge
Marie ot cete parolle oie, ele respondet humilment: « Beauz
siré, coment sera co fait, quar onques homen no cognui
et establi ai en mon cuer que jo no lo conoistrei? ».

10. Adonc li dit li angels: « Sainz Esperiz vindra en toi
135 et la vertus del trashaut Deu s'aombrera en toi, et per
co cel qui naistra de toi ert appellez sainz filz de Deu ».
Ices Deus et hom, quom el fu nas, sosfrit que el fu temptas
del diablo, qui avit vencu lo premer homen en amonestant
que el menget del fruit de l'arbre que nostre Sire, qui
140 l'avoit forme, li avoit deffendu. Nostre Sire suffrit que
icel deables s'aprochet de lui; et issi com il avit dit Adam,
al premer homen, et amonesta et si muiller Evam que
menget del fruit, et el en menget, – et per co fu Adam
li premers hom, et Eva sa moiller, gites de paradis et es-
145 sillies en cest mont; de cest Adam saillit li humans ligna-
gos – per co suffrit Deus que deable lo temptest et li di-
sist: « Di que cestes perres seiant pans et mengui, que tu
non aies fam ». Et nostre Sire li respondet: « Hom no vit
pas tant solement de pan, mais de la parolla de Deu ».
150 Ices deables, qui avit vencu lo premer homen per mengier,
perdet sa victoire, per cest homen qui jaunet et lo mespri-
set. Bona chosa ere que cel qui avit vencu lo fil de terra
virgina fust vencus del fil a la virgina Maria, quar el est
Deus et ere Deus senz fin et senz fin sera Deus, verais
155 Deus et verais hom, mais que el non o laise entendre mais
que a ceuz qui de bon cuer et fin et en bones ovres per-
severont en sa sainti fei. Ices Satthanas, quant el vit que
nostre Sire ot geune . XL . jorz et . XL . noiz et vit que
nostre Sire ot fain, il vint adonc seguremant vers lui, quar
160 ne cuidoit que il fust Deus, et li dit: « Per quoi as tu fain ?
Di que cetes peres devignant pains et mengui».

11. Adonc li dist nostre Sire Jesu Crist: « Escouta, Sat-
thanas, si tu per co as conqueru la seignori del humain
lignage, quar Adam, li premers pare del humain lignage,
165 per ton amonestement mespreisset lo comandament que
Deus li avit possa et menget del fruit que li ere deffendus,
jo, que tu temptes, gardo lo comandament qui m'est faiz,
et no mengerin ren que tu m'amonesteses et per co te
venqrei. Jo, qui soi hom, te giterei de la seignorie del

170 humain lignage, que tu gitas de paradis per ta sugestion
et per ton amonestement ».

12. Quant Satthanas vit que nostre Seigner l'ot vencu
del pechie de gola, il fu mout iries et pensa qu'il lo ven-
qroit per convoitisse. Il appella . I . angel reneie, qui estoit
175 ses compaigz, et estoit mestre temptere del pechie de covoi-
tise. A celui fit tempter nostron Seignor, et cil li mostra
grant massa d'or et d'argent et de perres precioses et de
les richeces de cest seglo et li dit: « Jo te darei tota cesta
richeci que tu vei, si tu t'agenoilles davant moi et m'aores ».
180 Et nostre Sire li dit: « Vai arrere, diablos. Il est escrit: Tu
servires Deu ton Seignor et lui aoreres ».

13. Apres li fit la terci temptacion, et cilli fu del pechie
d'orgoil, et cella li fit en un haut pui et li dit: « Si tu es
filz de Deu, laisse toi chaer aval, quar il a comande a ses
185 angels qu'il te recivant en lor mains, per co que tu per
aventura no bleceises ton pie a la pera ». Adonc li dit nos-
tre Sire Jesu Crist: « Il est escrit que tu no temptares ton
Seignor ». Et issi fu vencus per treis veis del fil de la vir-
gina cel qui avit vencu una veis lo fil de la terra virgina.
190 Et issi co il avit avencu lo diablo lo tyrant, issi vousit
trametre sos compaignos, qui lo venquessant en toz los
lues ou el arit seignori. Issi ces Seigner, qui Deus et hom,
Jesu Criz, qui venquit lo diablo, nos a trameis per totes
les provinces et per totes les terres, que nos gitam los
195 diablos et lors ministros et les ydoles ou il habitont et
los homenz qui les aoront ostam de lor poer, et per co
nos no volem or ne argent, mais lo mespreisem, issi com
nostre Seigner lo mespreisset. Quar nos volem estre richo
en son glorios regno, ou non a langor ne maladi ne tristeci
200 ne envie ne mort. En son glorios regno est benastrueisi
perdurabla et jois senz fin et delices perdurables.

14. Et per co est que quant jo fui entras en vostron
templo, li angelo mon Seignor, qui cai m'a trameis, lieront
lo diablo, qui iste en les ydoles et vos done lo respons, issi
205 que jo lo tino lia. Et si tu te fais bapteier et enluminar
de la sainti fei Jesu Crist, jo lo te farei veir et te farei co-

26

noistre lo grant mal et lo grant decivement que il vos fait. Quar el vos est evis que li deables cureise los malados, qui vinont el templo, per lo poer. Li diablos, qui venquit lo premer homen, si com jo vos ai dit ca avant, si est semblanz que ait poer malait per cella victori, els uns plus que els autros meinz, en cels qui meinz pechont menor poer, en cels qui plus pechont maior poer.

15. Li diablos fait per s'art et per son engin prendre maladi as pecheors, et de cella maladi que el lor fait los tormente et blece, et puis lor amoneste a croire en les ydoles, per co que el ait grant poer en lor armes. Et quant il vinont el templo et il diont a l'ydola, qui est de pera o de metal: « Tu es mos deus », si no los tormente ne blece. Et per co quar jo tino lo diablo qui est en l'ydola lia, el no pot donar respons a ceuz qui li sacrifiont ne qui les aoront. Et si tu veuz esprover que co seit vers, jo li comandarei que saille de l'ydola et li farei rejoir que el est liez et que el no pot donar respons ».

16. Adonc li respondet li rois: « Demain a hora de prima seront apareillie nostri evesquo per sacrifier, et jo i vendrei et verrei cest merveillous fait que tu me dis ». L'endeman a hora de prima fu li rois el templo et li sainz apostres Jesu Crit, sainz Bertholomeus. Et li evesco de les ydoles comenceront a sacrifier, et li deablo, qui ere dedenz l'ydola, comenca a crier: « Chaiti pecheor, laissez le sacrifier, per co que ne soffris peiors tormenz que jo. Quar jo soi liez de chaenes ardenz, quar li angelo Jesu Crist, que li juef crucifieront et cuideront que el remasist morz, m'ant lia. Jesu Crist, quant il fu crucifies, prist la mort, qui estoit nostra reina, et l'emprisonet et lo princo de tenebres, qui ere ses maris, liet en chaenes ardenz et al terz jor resuscitet cel qui avit vencu la mort et lo diablo et donet lo signo de sa crois a sos apostolos et los trameist per totes les parties del mont, et co est uns de sos apostres qui me tint lia. Jo vos preio que el me laiseise alar en autra provenci ».

17. Adonc mes sire sainz Bertholomeos li dit: « O tu

conchies diables, rejueis: Qui est cel qui fait les maladies
245 a ces homenz, qui ci sont malado, qui suffront si gries
dolors ? Qui est cil qui les a blecies ? » Adonc respondet li
diablos: «Nostre princos li diablos, que Jesu Crist liet,
nos tramet as homenz, que nos los blecam, sou et lor ble-
cem lors charz et lor i faisem dolors et maladies, quar nos
250 no avem poer en lor armes, se il no sacrifiont a les ydoles.
Mais puis que il ant sacrifia a les ydoles, nos avem poer
en lor armes et cessem que nos no lor faisem mal. Et per
co quar nos cessem que no lor faisem mal, il cuidont que
nos los aiam garis et aoront nos come deus, et per voir
255 nos sumes diablo et ministro de cel diablo que Jesu Crist
liet. Et deis que sos apostres Bertholomeus ci venit, jo soi
lies estreitiment en chaenes ardenz et ardo toz. Et jo
parlo a vos, quar el m'o a comanda, quar iqui o el est
jo non oso parlar, ne nostre princos, se il ne nos a comande ».
260   18. Adonc li dit mes sire sainz Bertholomeus li apostres:
«Per quei no gareis tu toz ceuz qui ci sont venu ? » Li
diables lor respondet: «Quant nos naffrem lo cors, si nos
no naffrem les armes, li cors remanont blecie ». Adonc li
dit li saint apostres: «Coment naffres vos les armes ? »
265 Li diablos li respondit: «Quom il creiont que nos emos
Deu et il nos fant sacrificios, adonc se oste Deus de sus
euz qui sacrifiont a nos, et nos faisons puis mal al cors,
mais a l'arma ». Adonc dit mes sire sainz Bertholomeus li
apostolos Jesu Crist al poblo: «Oez de cui vos cuidevas
270 que fust deus, de qui vos cuidevas que vos garist. Aorez
vostron verai Deu, vostron verai criator, qui habite en cel.
Non ais vostra creenci en peres vanes, et si vos volez que
jo oreiso per vos que vos recivis garisson, avatez cella
ydola et brisies la, et quant vos areis co fait et jo vos arei
275 bateie, jo sacrerei cest templo el nom de Jesu Crist ». Adonc
per lo comandament del roi toz li pobles mist cordes et
laz el col de l'ydola et la cuideront avatre en terra et non
poeront. Adonc li sainz apostres dit: «Ostez toz vostres
lians et toz vostros lez del col a l'ymagena». Et quant il
280 oron tosta toz los lians et toz los lez del col a l'ymagena,

28

mes sire sainz Bertholomeus li apostres Jesu Crist dit al
diablo, qui ere dedenz l'ydola: « Si tu vouz que jo no te
trameto en abismo, sail de cesta ydola et brisi la et vai
en terra deserta, en lue o oiseauz no voleise ne arare non
285 areise ne vois de homen no soneise ». Tantost et li diablos
saillit de l'ymagena et l'avatet et la briset, et totes les
ydoles qui eront el templo, granz et petites, totes les briset.

19. Adonc toz li pobles comenca a crier a una vois:
« Uns Deus verais toz puissenz est, que predique Bertho-
290 lomeus sos apostols ». Adonc mes sire sainz Bertholomeus
espandit ses mans a nostron Seignor et dit: « Deus d'Abraam,
Deus d'Ysaac, Deus de Jacob, qui per nostra reemson cai
envias ton glorios fil, nostron seignor Jesu Crist, qui nos
reemsit de son precios sanc, issi qui de nos qui estiam serf
295 fit filz de Deu, et que nos conoissam que tu es verais Deus,
qui fus et es et seres toz jorz nonmuablos, perseveranz.
Uns Deus Pere al Fil et al saint Esperit, verais Deus en
trinita, verais Deus en unita, uns Pere ingenitos, uns Fils
unigenitos, uns sainz Esperis qui saut del Pere et del Fil
300 et est en toi, pere, et en ton fil nostron seignor Jesu Crist,
qui en son nom nos a done cest poer, que nos sanam les
malades et enluminam les avoglos et mundam los meseauz
et suscitam los morz.

20. Adonc nos dit nostre sire Jesu Crist: « Veraiement,
305 veraiement vos di, quant vos querreis a mon paro en mon
nom el vos dara ». Et per co quero jo en son num que tuit
cist malado seiant gari, issi que il conoissant tuit que el
est uns Deus verais en ciel et en terra et en mar, qui done
nos salu per nostron seignor Jesu Crist, qui vit et regne
310 ensens a toi et al saint Esperit davant toz los seglos e
or et toz jorz per toz los seglos dels seglos ». Et quant
tuit oront respondu « Amen », li angelos nostron Seignor
i apparit et fu resplandenz come soleuz et avoit ales et
voloit tot entor lo templo, et els quatro anglos del templo
315 en quatre perres entaillet lo signo de la sainti crois Jesu
Crist a son dei et dit: « Co dit mes Sire, qui ci m'a tramais:
Issi com el vos a munda de totes vostres maladies, issi

el a munda cest templo de tota conchieura, et lo diablo,
qui itave en cest templo et habitave, que li sainz apostres
320 a comande que aille el desert en tal lue ont non ait homen,
jo lo vos mostrerei, ancis que el lai aut. Et quant vos lo
verreis non ais paor, mais tal signo faites de la crois quo
jo ai entaillie en les perres et vos faides a vostron dei en
vostros fronz, et tuit mal fuirant de vos ».

325 21. Adonc lor mostret . I . mor neir et hisdeus et grant
et plus noir que suifi, qui pont sus fue, et avoit la faci
agua et la barba longi et loncs crins jusque as pies, et
avoit les eus roges come charbons ardenz et come fers
chauz qui gete buluies ardenz, et de la bochi et de les na-
330 ries li saillie fues ardenz et flama a maneiri de solpro qui
art. Vos ne sausez dire quex est li eschine ni quex est li
ventres, et avoit ales en l'eschina et avoit liees les mains
tres lo dos etreitement a chaines ardenz.

22. Adonc dit li angelos al diablo: « Per co quar tu as
335 fait lo comant del saint apostolo et as munda lo templo
de les conchieures de les ydoles per co jo te delierei, issi
com t'a promeis li sainz apostolos, que tu t'en ailles el
desert en tel lue ou hom non habiteise ne or ne jamais, et
iqui esteres usque al jor del jugement ». Et quant li an-
340 gelos ot delia lo diablo, el gitet un ullement si grant et si
lait et si fier et si laidi vois que tuit oront paor, et volet
s'en et onques puis no lo viront. Li angelos nostron Sei-
gnor s'en vola voiant tot lo poble el ciel.

23. Adonc li rois et sa moiller et si dui fil et toz li pobles
345 de la cite creeront en Deu et se firont bapteier et li rois
fit apres tot lo poble de les citez de sa region bapteier.
Issi furont bapteie tuit cil de la region et li rois osta la
corona de son chief et la roba de porpra et seguie lo saint
apostre per tot lai ou el predicave. Entre tant tuit li eves-
350 que dels templos de les ydoles s'asembleront a . I . con-
seil et alleront a un rei qui estoit apellez Astriges, qui
estoit frere al roi qui s'estoit bapteies, et estoit ainnez
de li, et li distront: « Tes freres est devenuz disciplos d'un
homen qui est enchantere, qui destruit nostros templos et

30

355 brise nostros deus ». Et domentre qu'il li contoiont ces
novelles, il ploroiont, et li evesquo des ydoles del reiaume
Astriges ploroiont ausi. Adonc li rois Astriges fu mout
iriez et dedeignos et tramist mil homenz armez avoi los
evesquos et lor dit que quau part que il trovasant l'apostolo
360 que il lo liesant et lo li amenessant pris. Cil o firont isi co
li rois lor ot comande. Il pristront lo saint apostre et le
lierent, puis apres lo meneront al roi.

24. Quant li rois Astriges vit le saint apostre davant
soi, si li dit: « Tu es cel qui as virie mon frere a ta lei ? »
365 Adonc mes sire sainz Bertholomeus, li apostres Jesu Crist,
li dit: « Rois, jo non ai virie ton frere, mais je l'ai converti ».
Adonc li dit li rois « Tu es cel qui as fait briser nostros
deus ? ». Adonc respondet mes sire sainz Bertholomeus li
apostres: « Reis, saches que jo donai poer als diablos qui
370 habitavont dedenz qu'il cassesant et brisesant les ydoles
vanes et mues, issi que li homen degrepissant lor error et
creissant el Deu tot poissent qui habite els ciels ». Li rois
Astriges dit: « Issi quom tu as fait que mos frare a de-
grepi son deu et croit en ton Deu, issi jo te farei degrepir
375 ton Deu et croire en mon deu et sacrifier ». Adonc dit
mes sire sainz Bertholomeus li apostolos Jesu Crist: « Esco-
ta, reis, jo liai lo deu que tos frare aorave et lo li mostrai
et li fis briser l'idola en quei il estave. Si tu pos co faire
a mon Deu, bien me porres faire sacrifier; si tu no pos co
380 faire a mon Deu, jo farei brisier toz tos deus et tu crei
en mon Deu ». Domentre que el disie co, uns mesagos
venit al roi et li dit que Baladac son deus ere cheus et
ere toz menuisez come poudra.

25. Adonc li rois Astriges escoisendet sa robe de porpra,
385 de quoi il ere vestis, et comandet a batre mon seignor
saint Bertholomeu de gros bastons et puis le comanda a
escorchier tot vi. Et en tel manere ala mes sire sainz Ber-
tholomeus li apostres en la gloire Deu. Quant li rois Po-
limius, que li sainz apostres avoit converti, sot que li sainz
390 apostres estoit martiriez, il l'ala querre, et li pobles de
les . xij . citez que il avoit converti alleront avec li et apo-

31

teront son cors a grant honor et a grant gloiri chantant
hymnes et firont bastir une eglise mout grant et mout
belle et iqui poseront lo cors de mon seignor saint Bertho-
395 lomeu l'apostre.

26. El . xxx . jor que li sainz apostres fu sevelis entra
li diablos el cors al rei Astrige, et si ami lo meneront a la
tomba del saint apostre et toz les evesques de les ydoles
qui l'aviont fait martirier, quar li diablo lor eront entre
400 elz cors. Quant il furont a la tomba, il reconurent que il
ere verais apostres de Jesu Crist et iqui morirent li rois
Astriges et li evesquo.

27. Adonc orent grant paor tuit cil qui no creiont en
Deu, si veniront als preveiros que mos seigner sainz Ber-
405 tholomeus avit ordena et firont soi bapteier et creeront en
Deu le tot poissent. Apres per la revelacion del saint apo-
stolo et per lo creement del poblo et de toz los clerz li rois
Polimius fu ordenas a evesco et comencet a faire mout
granz miraclos en nom del saint apostolo et tenit l'eves-
410 squa . xx . anz et fu perfaiz en toz biens. Et quant el ot
ordena et establi ses eglises, il passa de cest seglo et ala
a nostron seignor Jesu Crist, cui est honors et glori els
seglos dels seglos. Amen.

7

VIE DE BÉATRIX D'ORNACIEUX

Extrait.

Lyonnais, fin du 13ᵉ siècle. — Petit ouvrage composé de neuf
chapitres, écrit par Marguerite d'Oyngt, prieure du monastère
des Chartreuses de Poleteins, morte probablement le 11 jan-
vier 1310. Il relate la vie d'une religieuse du dit couvent, qui
mourut dans le monastère d'Esmure en 1305 ou 1306. Ed.
E. Philipon, *Oeuvres de Marguerite d'Oyngt prieure de Pole-
teins, publiées d'après le manuscrit unique de la Bibliothèque
de Grenoble*, Lyon, 1877, pp. 49-64.

Li via seiti Biatrix virgina de Ornaciu.

1. Al honour de Deu et al loemos de son beneyt non,
et a recognoytre sa grant misericordi et regracier los glo-
rious dons de sa bonta, y être pluis fervens a faire lo ser-
vis de Nostron Seignour Jhesu Crit et de la sin gloriousa
5 Virgina Mare, humilment et devotament voil escrire a vos-
tron edifiment, una partia de la honesta et saincta et dis-
creta conversation que citi espousa de Jhesu Crit menet
en terra entre ses sorors de ly ajo de XIII anz en sus.

Nos entendinz que al comenciment de sa saincti con-
10 versation, illi proposet de guerpir totes choses mundanes
de bona voluntat de cor, per la amour del douz Jhesu Crit:
son bon propos illi gardiet mout enteriment. Illi eret tres
humis de cuor et de cors; illi eret mout cheritousa et pi-
dousa et sumiz denens de tota maneri de humilita que
15 potet necessita a ses compaignes. Illi fut de mout granz
jeunos et abstinences, tan quant sa feybla complexions
ho poet portar. Illi eret mout enteriment obediens, et de
mout grant oreison assiduaz, et de si grant devocion que
pluisors veis illi cuidavet de tot perdre lo veyr, per les
20 laygremes que illi gitavet; et se eret mout benigna de
paroles, humiz et de grant exemplo. Illi eret mout cu-
riousa et fervenz en metre tot son entendiment a fayre
y a dire y a veyr y a oir totes les choses que li senblavont
que puyssant tornar al edifiament de sa arma et de les
25 autres genz.

En cita saincta conversacion, nos entendin que Nostri
Sires per sa grant misericordi li fit mout de graces. Al
comenciment illi fut hun grant teins que a toz jors y en
totes ovres y en qualque lua que illi fut, illi haveit si grant
30 graci, que oy li eret senblanz que Nostri Sires fut ades
aranda lye apertament. Apres li creisit Nostri Sires tant
sa graci, que mout sovent, en qualque lua que illi fust,
illi sentivet si grant graci et si grant gloyri en son cuor
de la amour de Nostron Seignour, que a peynes que illi
35 la poet sustinir. En cita graci, oy li venit come una per-

sona et la embracavet forment et mout amiablement: en
cella ducour que illi senteyt del tras douz embraciment de
son veray Creatour, o ly eret vyares que sos espirit de-
fayllit.

40   Quant illi ot mena ceta saincta via hun grant teins, li
dyablos se comenciet mout esforcier de li travallyer en
totes maneres; et quant illi vit qu'il la cuidavet si vilment
deceyvre, se comencet mout grant penenci fayre. En la
qual penenci faseit acunes choses, per la grant pour del
45 deceviment del Dyablo, que erant acunes veis senz grant
discrecion, mays eles ytiant totes per grant temour et
per grant fervour, et tote veis Nostres Sires o metivet
tot em bon point.

    Quant illi eret cusinyeri y enfermeri, illi o feyset mout
50 cheritousament; et quant oy li coventavet fayre alcunes
choses al fua, illi meteyt tant faci sus la chalour del fua,
que oy li eret vyares que li cervella li brulat en la testa
et que li huel li erragissant de la testa, et mente vez illi
attendeyt qu'il volassant en terra. Illi portavet la brasa
55 tota viva en ses mains nues, si que li cuers li brulavet
toz et les parmes. A tot co non sentievet rent. Illi preneit
si granz disciplines que li sans en coreyt per totes les cotes.
Illi aveyt en tant grant remembranci la passion de Nostron
Seignour Jhesu Crit, que illi se percavet les mans per les
60 parmes tant que oy li respondeit al cueir desus la main,
ha un clavel seins poınta; et totes veys que illi co fayseyt,
oy li en sayleyt aygua tota clara que unques en sanc non
se mesclet, et tantot li play se cloyt et s'ananet si beyn
que persona no se poeyt perceyvre. Quant plus ne poeyt
65 fayre illi alavet dechauci per la vey et per lo glaz.

    Quant li dyablos vit que illi se meteyt a si grant affliction,
et vit que en neguna maneri el non y poeyt rent gaygnier
em veyllanz, la comenciet travallyer en dormenz mout plus
fort que no aveyt en veyllanz. Adon ne layssiet neguna
70 chosa que li poet damagier l'arma ne lo cors al deplaisir
de son Creatour, qu'il totes ne les li mit avant per sen-
blances et per figures, tant vilment quant el poeyt. Les

34

granz viutaz et ordures que il li amenavet devant per diverses maneres, non oserit negunt recontar; mays illi non
75 o cognoysseyt ne damajo ne li tineyt.

Quant il li ot co fait plus sorveys et en totes maneres l'ot essaya et vit que tot co ne li valit, el li comencet a trayre per semblances assi come carreuz. Et adon li eret vyayres que cil carrel, qui estiant forma de viouz et de pluysors
80 pechiez, la ferissant en l'arma de totes pars; et rent ne li povent noyre.

2. Quant illi vit que co ne poet prendre fin mays crezeyt toz jors, et li pours et li temors li comencet fort à creytre. En cet grant espavantament, illi fut una noyt en
85 son liet et comenciet mout fort a reclamar Nostra Donna, que illi la adjuvat et secorit, et per sa grant misericordi la gardat del pueyr et del engint del dyablo. En co que illi ot fait sa preyeri et Nostra Dona li vint devant, et senblavet li que Nostra Dona fut de le ajo de XV anz,
90 et la tres grant beuta de li ne pot unques recontar. Adon viryet li gloriousa Donna son pidouz et son douz regart mout amiablement ver lyei, et dit li: « Tres chera fili, non aes pour ne neguna dotanci, car jo – co dit illi – sui Mare del Rey Tot Poyssent cui tu es espousa et sui Mare
95 de misericordi; et en cel poyr e en cella misericordi, ju prenno l'arma et lo cors de toy en ma garda y en ma deffension, et te garderey et deffendrey del poyr del Dyablo et de sos enginz ».

En tant illi se departit de li, et tantot li Dyablos la
100 guerpit et illi remat de totes choses en bona pays.

Una autra noyt, apres co un po de teins, il li venit devant et cudyet la deceyvre et travalyer en atres choses a mout grant force, mays tantot que illi comenciet reclamar Nostra Donna et dire: *Ave Maria* per la via de Nostra
105 Donna, il se departit de devant li toz confus et s'en entret en terra en semblanci de una grant fumeri neyri; et quant el entret en terra, li terra fremit mout fort per qui ont el intret. Deys cela hora en lay, illi ot plus de la graci de Nostron Seignour.

110   6. Illi ytiet hun grant teins que illi veit toz jors corpus
Domini a la levacion en senblanci d'on petit enfant. En
tal maneri illi veit entre les mans del chapellan una grant
clarta, que eret si tres granz et si tres blanci et de si me-
ravilousa beuta, que ay no li eret vyaires que de neguna
115 chosa, que cuors humans poit pensar, que hun y poyt
metre figura ne comparacion.

Icilli clarta li eret vyaires que fu tota rionda, et dedenz
la clarta apparisseyt una granz vermelia si tras resplan-
dens et si bela, que de sa grant beuta, illi enluminavet
120 tota la clarta blanci; et cilli clarta gitavet si grant resplan-
dour, que illi fayseit resplandir tota la vermelia. Si que
li una beuta enluminavet si l'autra, et si ytiant li una en
l'autra que eles rendiant si meravillousa beuta et si grant
resplandour, que un veet tota la beuta de la blanci clarta
125 dedenz la vermeli, et la beuta de la vermeli veet hon de-
denz la beuta de la clarta blanci. Et dedenz la clarta blanci
apparisseyt huns petit enfes; la tras grant beuta de cel
enfant illi ne puyt dire ne fayre entendre. Desus cel en-
fant et de totes pars, apparisseyt una granz clarta senblanz
130 a or qui rendeit si grant illumination, que illi trahit totes
les autres assi et tota s'en entravet dedenz lour; et les
autres traiant tota cela a lour, et totes s'en entravont
dedenz liey. Ycetes quatro divisions se appareyssant en
una mema senblanci et beuta et resplandour; li eret viaires
135 que cilli comunauz beuta et resplandors apparissit tota
dedenz cel enfant, et li enfes apparisseyt toz dedenz cela
resplandour.

Quant illi ot co veu per mout grant teins, illi penset
que illi mout granz pecheriz eret et que illi offendeit vers
140 son Creatour, et comencet dotar de acunes choses. Et sur
co illi preet a mout grant temour Nostron Segnour que a
sa grant bonta playsit, que illi a la levation poit veir son
glorious cors tot simplament. Deys pois illi lo vit huni-
teins assi come hun porrit veir de loins una ymagena peinta
145 en parchimin. Totes veis li beuta eret si granz que illi
non o puit dire mays, non puyt fayre entendre en autra

maneri. Apres illi lo vit tot simplament come les autres;
et poys aventet acunes veys, que illi veit si grant clarta
entre les mans del chapellan come li solouz.

8

LEIDE DE L'ARCHEVÊCHÉ DE LYON

Lyon, 1300 environ. — Tarif des droits de péage, de consommation de diverses denrées, de perception d'impôts directs et personnels au profit de l'archevêché et du chapitre de la cathédrale. Ed. E. Philipon, *Phonétique lyonnaise au XIVe siècle*, Romania, 13ᵉ année (1884), pp. 568-569.

*Czo est li leida Mon segnior l'arcevesque e del chapitre de Lian
e les apertinences de la dita segniori, li cauz mot de la Saunari.*

1. Primeriment deit ou per terra ou per aygui de les
.1. somes de sal cel qui vent: .j. soma a l'arcevesque
et al chapitre.

2. Item deit li maysex de la parochi de Sant Pol, de
5 la Toz Sanz tanque a la Sant Martin les lengues del bos
e de les vaches al diz segniours et mais deis la Sant Martin troque a Chalendes V d. fors per besti.

3. Item deit chaques revendares de Lian etranges ou
privas qui revent fruyti ne fromajos ne hues ne polali
10 III d. fors; et se il mantivont li vra deyvont VI d. fors
que per la livra que per la revendiri. Et 111 poyses li sauner a la Sant Martin.

4. Item deyvont li fort Franceis qui sont a Lian 111 d.
fors, et per la brey autros iij d. fors.

15 5. Item tuit cil qui sont de la Lanateri deyvont chacuns .ij. s. de fors et .III. d. fors per la livra.

6. Item deit li chargi del lin, ou per terra ou per esgui,
chacuna chargi .j. maysi, atant li una come li autra.

7. Item deit chacuna caysi de mirex ou de veyros, ou
20 per terra ou per esga, chacuna caysi de mirex II d. fors.

8. Item li futali ovra ou eschapola de benes ou de ba-

37

rauz ou de culeres ou de autra ovra deit li chargi II d. fors.

9. Item totes les raymes qui aduyont los razex, acunes sont el piajo.

10. Item totes les sapines qui a Lian sont vendues, deit cel qui vent viii d. fors e li naviouz de . j . fust ij d. fors, et de ij pieces ij d. fors.

11. Item chacuna chargi d'aignius, ou per terra ou per aygi, deyvont iiij d. fors, tant li una come li autra.

12. Item deit chacuna chargi de eschalones ou per terra ou per aygui . j . liaci de chalones.

13. Item chacuna chargi de veyros que on porte al col deit ij veyros....

14. Item li chargi del peteux deit . j . petel, ou per terra ou per aygui, chacuna chargi.

15. Item deit li chargi de les pales ou del bisons chacuna chargi . j . peci.

16. Item deit li chargi de les lances, ou per terra ou per aygui, . j . lanci cumunal.

17. Item deit li chargi de la peis neyri, chacuna chargi . j . pogez.

18. Item li chargi deux ex e deus ognions e de les reis, ou per terra ou per aygui, . j . d. fort.

19. Item deist li chargi del tupins e del poz de terra . j . d. fort.

20. Item deyvont les places de ceus qui vendont ne ouvront sus lo pont outra 11 bans, outra la crois entroque a la fontana de Purchiri, ob. fort chacuna placi, czo est a saveir lo jos; e li mercer deyvont pusa fort et aus seyno et a les feres ijd. fors; e li mercer . j . d. fort e li etranjo deyvont ij. d. fors.

21. Item chacons troliares de Lian e tuit li autri revendiour qui vendont huelo a mesura, a lanpi ne a dimey lanpi ne a carteron, chacon deit . j . lanpi de oylo et se deit lever lo primer Vendres de Careyma.

22. Item les duelles del vaysex e li cerclo, ou por terra ou per aygui, deyvont li fais de la petita muayson melli fort e li granz . j . d. fort e li C de les duelles ij d. fors.

38

23. Item li chargi deus ars de les arbalestes, chacuna
60 chargi deit . j . art.

24. Item deyvont cil qui vendont chenevo a Lian qui
ne sont franc, de 18 d. [poysa fort].

25. Item deyvont li lanater qui vendont lana a Lian,
ou estranjo ou priva, li cal ne sont franc de la dita lanatari,
65 chacuns deit iiij d. fors, per la livra d'argent monea los
iiij d. de sus diz.

26. Item li fors de Bornua est al oubincer de la Saunari
car que il seiant, e deit vj d. de fors de servis a la Sant Martin.

9

DROIT DE PESAGE
RECONNU AUX CITOYENS DE LYON

Lyon, 1340 environ. – Ed. E. Philipon, *Phonétique lyonnaise
au XIVe siècle*, Romania, 13e année (1884), p. 570.

*Ce sont les cotumes et les franchises de pais de Lian, de que
sont franc tuit li citiens de Lian seyns riens donar ne
paier el seigniure.*

1. Item chascuns citiens pot aveir sa vergi et son peis
chiessey et vendre et pesar totes les deneries que il vent
se plait a l'achetour; et se li achetares vout recivre per
la man del pesour, li vendares en deit fere; et les deneries
5 qui se vendont al quintal doz estranges se deyvont recivre
per la man del peisours; et deit chascons vendares estran-
gos meli per quintal et li achetares ne deit riens se ellet
citiens.

2. Item chascons citiens pot prendre la vergi chiez los
10 peissours et portar chiez sey se ellat quantita de deniries
a pesar plus que ne puyssiant portar 2 homens ou treys
chies lo peysour; et se li pesares veut venir pesar, on lo
deit paier de son travail et de sa peyna tant seulement
seins autres emolumens.

15 3. Item deit estre li livra de Lion de 14 unces el marc
de Lion, et li quintals de Lion deit estre de cent et une
livre, oy fut meysa ly livra pour le trait, et li dime quin-
taux de .1. livres et dime, et li quarterons de 25 livres
et 1 quart, et d'eyqui en avant ne vat point de gites en
20 nigons peys.

4. Item chascons marchians estranges puet essegar ses
charges de les deniries que el veut portar defor, ou a vergi
ou a roman, seynz riens deveir ou pesour.

5. Item de feyn ou de pailly qui se vent au quintal ne
25 deit l'on riens; et se peut pesar pour cuy que vueille li
vendares ou li achetares aye roman.

6. Item se nions citiens vent a peys ou a mesura qui ne
seit leaux, el deit 60 s. et .j. den. el segnur; et se el sa-
voit la fauseta del peys ou de la mesura ellet en la volunta
30 del segnur; et le citiens se el ne savit la fauceta el deit
passa per son seyrement.

10

TARIF DES DROITS À PERCEVOIR
SUR LES MARCHANDISES ENTRANT À LYON

Lyon, 1358. — Tarif des taxes d'octroi dont le produit devait
être employé à remettre en état les fortifications de la ville.
Ed. E. Philipon, *Phonétique lyonnaise au XIVe siècle*, Roma-
nia, 13° année (1884), pp. 575-579.

Li impositions de les choses qui entrerant dedenz les closures
de la cita de Lion, tant per terra comme per aygui, de
qualque persona que czo seit, tant d'eglisi comme du seglo,
tant nobles comme marchianz et de toz atros estaz, se levera
a les portes per la maniere que s'ensieut.

1. Premerement: Vins frans hu vins egros entrant en la
vila, de qualque persona que el seyt, payera a l'entra per
anna .j. quart gros. Et vins de meytia non ren. Et ven-

40

deymi le 3 annes per 2 de vin. Et li vins hu vendeymi
5 qui creytra dedenz les closures de Lion payera comme czo
de for.

2. Item touz vins que l'on vendra a Lion a menu, seit
dedenz les clotres hu non, se vendra a les petites mesures;
et li vendant a l'imposition lo vintein.

10 3. Item toz vins mesclez havet espieces se vendra a les
dictes mesures; et li vendant rendrant lo vintein segon le
fuer que vendus sera enclos les dites espieces.

4. Item toz blas qui vindra a molin payera iiij copons
per anna. Et farina qui entrera et non sera copona el molin
15 paiera comme dessus.

5. Item touz pans coz qui entrera, tant blans comme
bruns, dont li farina non ara yta copona payera lo vintein.

6. Item bos et vaches, chacuna beti tant grant comme
petita qui non teteit, payera a l'entra dyme gros.

20 7. Item port dou pris de vij flurin et deis yqui en sus
et vel laitent chacun payera lo quin dou gros.

8. Item moutons, chevres et porz de menz de . j . flurin
payera chacuna beti . ij . den. vien.

9. Item chivros et agnel paiera chacuns . j . den. vien.

25 10. Item quintal de gros fromagios et de serez et de
buyro paiera li quintal lo quart dou gros.

11. Item dozeyna de fromagios de clou et atri de lour
faczon, granz et petiz, l'on per atro, paiera dime quart
de gros; et deis Paques a la San Michiel, la meytia.

30 12. Item . j . milliers d'arenz et de rigoz coranz paiera
. j . gros; et pogal anguilles et atres gros peissons salas
paiera per cent peissons . j . gros; et troytes de Geneveys
payera lo cent . vj . gros.

13. Item una ana d'uelo de nuys payera . ij . terz de
35 gros; et ana d'uelo de chenava payera . j . terz de gros.

14. Item . j . quintal de noyaux payera . j . quin de gros.

15. Item una sachia de nuis, czo est assaveir sachia de
ana, paiera per ana dyme quart de gros, et menz de sa-
chia, ren.

40 16. Item una somma de sal paiera ij terz de gros.

17. Item . j . milliers de leigni dessus Ron, chacuns milliers paiera . j . gros.

18. Item soches et czochons per ardre payera a l'avenant de la dita leigni per leal estimacion de II homenz pris per les II parties hu per lo govenour de la dita imposicion.

19. Item legni de Macon et de cela faczon paiera per . XXX . dozeynes a l'entra . j . gros.

20. Item ambessi de furnilli de .V.ᶜ fes l'ambessi payera a l'entra . j . gros.

21. Item . j . cent de mayeri per fere vignes payera dime gros.

22. Item tuit navey novo entrant a Lion et tota futa per maysoner et ovrar ouz veisseliers et ouz benners et per fere naveys granz et petiz et a servir a cel acto, ytant en la vila plus de . j . jor natural apres czo que sera notiffia a son metro, payera de . x . flurins vallient a l'estimanci de II homenz preis comme dessus, . j . gros.

23. Item . j . quintal de sieu paiera lo terz dou gros.

24. Item . j . quintal de sein paiera lo quart dou gros.

25. Item quintal de fer a ovrar et quintal de plon paiera a l'entra lo quart dou gros.

26. Item . j . quintal de fer ovra et d'acer sens ovragio paiera dyme gros.

27. Item quintal de fer hu d'acier ovra en armes paiera . j . gros et dime.

28. Item . j . quintal d'estaing, cuvro, oules et metail payerant . j . gros. Et se li estaign est ovras en poteri nova, et li couvros en peroleri nova, si payera comme bateri.

29. Item tota bateri de couvro per quintal paiera . j . gros et dime.

30. Item dozeyna de corduan de Provenci paiera dime gros; et dozeyna de corduan de Rumillie . j . terz de gros; et dozeyna de basannes de toz pais . j . quart de gros.

31. Item . j . quintal pesan de pelleteri de varz ovra en pennes fetes hu non et cru, qualque vair que czo seit,

42

popies et popeletes, hermines et leytices, paierant . xv . gros.

32. Item . j . quintal d'agnex ovras en pennes fetes ou non,
et tota atra pelleteri ovra, excepta vair, paiera . iij . gros.

33. Item . j . quintal de tota pelleteri crua, excepta vair
et escoyriouz, paiera a l'entra . ij . gros.

34. Item . j . quintal d'escoyriouz crus paiera iiij . gros.

35. Item drapt de Brebant de totes condicions li pieci
paiera iij gros.

36. Item drapt de Flandres, de Normandi, de Piquardi,
de Champaigni et de Borgoigni et de toz atres lues deis
Lion en amont, excepta drapx pleies en tavel seins frauda,
payera li pieci . j . gros et dime.

37. Item tuit drap de Franci pleyes en tavel seins frauda
paiera li pecy dime gros.

38. Item pieci de sarges tot de lanna paiera . j . gros.

39. Item sarges qui ne sunt totes de lanna li pieci paie-
ra . j . terz de gros.

40. Item tuit drap de Provenci, de quelque villa ou co-
lour que el seit et del puey, paiera li pieci iii quars de gros.

41. Item tuit drapt de ruel, czo est a dire de San Saphuro
lo Chatel, de Vienna et atros semblablos, paiera li pieci a
l'entra . j . gros.

42. Item tuit cuer adoba, de bos et de vaches et de
chevaux, paiera li pieci . j . sisein de gros ; et petit vachon
adoba paierant li dui per . j . cuer de bo.

43. Item cuers pelus de bos et de vaches et de chevaux
payera li piecy dime quart de gros.

44. Item tota futa de torneour, veiros et verreres paiera
a raison de . ij . d. per libra de sa valour a l'entra, a l'esti-
manci de II homenz preis per les II parties.

45. Item . j . bacons salas paiera . j . quart de gros.

46. Item touz poissons fres entrant per terra paiera li
charreta a l'entra . j . gros.

47. Item toz peissons fres entrant per aigui, seit grant
hu petiz, paiera a reison de ij deners per libra de sa valour
a l'entra, a l'estimanci de . I . ou de II homenz seins supiet
preis par les II parties, se les dictes II parties entre ellos

115 de cor a cor no poont acordar. Et dessoz la valour de iij
gros, ren.

48. Item . vj . chief de pollali p[aierant] . j . den. vien.,
et de menz de . vj . chief, ren.

49. Item . ij . chief de servasina a . iv . pies et quaions
120 leitens paierant . j . den. vien. et dessoz, ren.

50. Item . iv . chief de servasina volant . j . den. vien.;
et dessoz, ren.

51. Item . ij . oyes prives ou servages . j . den. vien.;
et dessoz, ren.

125 52. Item . j . cent de hues . j . den. v.; et dessoz . j .
cent, ren, mesque non y ait frauda.

53. Item auz, oignons et fruyta paiera de iij. gros val-
liant . j . den. vien. et de plus de iij. gros, a l'avenant;
et de meins, ren.

130 54. Item . j . hutal de chenevo maclo et fila lo disein
dou gros; et de menz de xxv libres, ren.

55. Item lo quintal de femella batua et ferrata paiera
lo quart dou gros; et de menz de x libres, ren.

56. Item chenevos femella, crua et fila, per quintal
135 paiera dime terz de gros; et dessoz . xx . livres, ren.

57. Item messi de lin paiera . j . den. vien; et dessoz
. v . libr. pesant, ren.

58. Item fil de cologne et de chenevo paiera per quintal
. ij . terz de gros.

140 59. Item fil et estopes paiera per quintal . j . quart
de gros.

60. Item totes teiles blanches de lin paierant per . x .
annes dime gros.

61. Item teiles blanches de chenevo paierant per . xx .
145 annes dime gros.

62. Item teiles crues de lin paierant per . xx . annes
dime gros.

63. Item . ij . beties chargies a chataignes paierant dime
quart de gros, et dessoz una chargi, ren; li quaux chargi,
150 seit petita hu granz, seit conta per chargi, mes que seit
sus beti seins maiour chosa.

44

64. Item peyvros, gingibros, giroflos, quannella, succros, confitures et atra espieceri et atres choses de consemblant pris per quintal paiera . iij . gros; et soffrans paiera li
155 quintalx . xij . gros; et per quintal de cire paiera . j . gros et dime; et per quintal d'amandres paiera . j . terz de gros; et per quintal figues, reysins, ris, cumin, alonn et taux consemblables choses aviron cetuy pris per quintal paiera ⅓ de gros.

160 65. Item cent quintal de fein payerant . j . gros; et dessoz ij quintalx et dime, ren.

66. Item merceri d'or et d'argent et de seie et cendaux de totes colours, pernes, beuro et tota perreri paiera a l'entra ij d. per liv. a l'estimanci du screment, seins frauda
165 de celluy cui li chosa sera.

67. Item tota autra grossa merceri paiera per quintal . iij . gros; et dozeina de crunichies de Loreyna paiera ¼ de gros; et dozeina de crunichies de Dijon et de Besenczon paiera . j . sesin de gros; et dozeine de crunichies
170 de seya paiera . j . gros.

68. Item froment et vianda sechi sallianz de la villa per aygui et ara ita vendus en la dita villa paierant les vi annes salliant comme dessus . j . gros; et toz autres blaz saillianz per aygui et vendus comme dit est payera la meytia, et
175 paierant li vendour; et se el saut per terra si paierant li achetour hu li menour.

69. Item lanna de mutons et de feyes a tota la sur per quinta[l] lo quin dou gros.

70. Item lanna de mutons et de feyes lava per quintal
180 . j . terz de gros.

71. Item borra de salliers et de batiers et pelerz per quintal le VIII° dou gros.

72. Item pluma per fere cutres paiera lo quintal . j . gros.

73. Item vivres et marchandises qui una veis arant
185 paia l'imposition a l'entra de la dita vila et en vudrant sallir apres quant lour pleira per alar ellos vendre en aucuna feyri hu marchia affin de retornar en la dita vila czo que vendu non serit, czo qui s'en tornera en la dita vila re-

paiera la meytia de czo que paia ara a la premieri entra.

190 74. Item vivres et marchandises passant per la dita vila sens arretar alant de pais en pais ne payerant ren, mais il laisserant gajo a l'entra tanque il arant certifia de la sallia; li qualx gajos valliet entieri entra et sera rendus franchiment li diz gajos, faiti premierement la dita certiffication.

195 75. Item vivres et marchiandises passant per la dita vila et y arreterant per prendre novella vittura hu per autra causa, mesque les dictes choses ne seyant despleyes et motres per vendre, et non itarant en la dicta vila plus de iij jors naturaux ne paierant ren, excepta sal; et gajo 200 leissirant a l'entra en comme les choses qui veyeterant ren; li quax gajos lur sera rendus franchiment quant il arant certifia de lour sallia faiti dedenz iij jors comme dit est. Mes se il motront hou depleyont lour dites choses dedenz lesd .iij. jors a causa de les vendre hu changier, 205 si payerant entieiri entra; et puis porrant toz jors demorar se il volliont en la dita vila. Et li dicta sal paiera yteit .iij. jors hu non.

76. Item tota terra et piera coiti assi comme chaux, tioles, quarrons, tupins et consemblables choses paierant 210 a l'entra a reyson de .iij. den. per libra de lour valour a l'estimanci de .ij. homenz preis per les .ij. parties.

77. Item una sapina de piera per coyre en tioleri paiera i quart gros.

78. Item una sapina de piera per murar paiera le VIII° 215 d'un gros.

79. Item .j. cent de quartiers de meyson de piera per tallier paiera .IV. gros.

79. Item .j. cent de quartiers de meyson de piera per tallier paiera .IV. gros.

220 80. Item moles de molin brun et de fauro et de barbier la piece dime gros.

81. Item moles de molin blanc paiera la piece .j. gros et dime.

82. Item una sapina de terra de tiolier per coire paiera 225 le VIII° dou gros.

46

83. Item una sapina d'areyna per meysonar lo. x⁰. dou gros.

84. Item una beti chargia de charbon de pera paiera . j . den. vien. a l'entra per terra; et per aygui paiera a l'ave-
230 nant, a l'estimanci comme dessus; et se li dicta pera, terra ou areina entre en la vila a plus grant navey ou sapina que sapina acostuma, si paiera a l'avenant segunt sa valour.

85. Item se aucunes choses, vivres ou marchandises sunt essublees de nomar, taxar et escrire en ceta present im-
235 position, si y serant nommees, mises et taxees a l'orde-nanci de cellos qui serant ordena a governar et regir en general lo fet de la dita imposition, toutes fois que mes-tiers sera ou que li cax avindra; mes que czo seit totes veis le plus pres que fere se porra bonament de l'imposi-
240 tion misa sus sa plus semblabla chosa; quar li veray en-tentions est que tuit vivres et marchandises entrant en la dicta villa per aigui ou per terra vailliant .iij. gros, lo flurin per . xij . gros, et deis yqui en sus, excepta man-soies de leigni, paiant a l'imposition chacuns segant sa
245 valour et segont l'estimanci et l'ordenanci dessus dita; et les dites mansoyes a present ne paierant ren.

86. Et que tout seit generalment et singularment leva, regi et governa leialment et seins frauda al at et ou profit de la dita imposicion et de les closures de la dita vila.
250 87. Item et dessoubz iij gros valliant ne paiera l'on ren.

11

PROCÈS-VERBAL D'ÉLECTION
DES CONSEILLERS DE LA VILLE DE LYON
POUR L'ANNÉE 1359

Lyon, 1358, 22 décembre. — Ed. *Cartulaire municipal de la Ville de Lyon...*, *Recueil formé au XIVᵉ siècle par Etienne de Villeneuve, publié d'après le manuscrit original avec des documents inédits du XIIᵉ au XVᵉ siècle* par M.-C. Guige, Lyon, 1876, pp. 466-469.

In nomine Domini. Letres se farant del pape, del bailliage de Mascon, del borc de l'Ila Barbra, del official de la cort secular de Lion, de seluy ou de seles que li conseilleeurs ci dessoubs escript voudront, una ou plusors,
5 ou de touz se il volent, que li puebles de la universita de Lion assemblas en l'eglisi de Sant Nicies, al son de la grossa campana, en la maniere acostuma, pour espublier, nomar et establir li conseillours et pourveours sus les faitz de la dicta universita, del conseil, volunta et consentiment dous
10 mestres deus mestiers de la dicta cita, czo est assaveir: Joheanin de Varey, Neymo de Nevro, drappiers; Stevenet de Preyssia, Audr..., Bartholomeu de Molon, Piero dou Verney, espiciers; Guillaume Piquet, Jaquemin Lombart, merciers;... Andrevet Cailli, pelletiers; Johan Bonnel, Poncet Chol,
15 sauniers; Berner de Varey.... Prey...; Bartholomeu Clerc, Monet de Montaron, taverniers; Peronin de Sant Raymbert, Bertholomeu Meliet, escoffiers; Piero Perroton, Piero Bouchan, panatiers; Johan de Blaceu, Jaquement Girout, chapuys; Guienet Sagretan, Guillermet Bellet, tondeours
20 et coduriers; Johan Barral, Andreu Bechet, albergeours: Piero Colin, Jaquemin Neyrout, meysselers; Andrevet Berout, Jaquemet Vincent, pescheours, Andreu Bonin, Piero de Banno, ferratier; Jaquemet Alissandres, Jaquemet Clemenczon, potier et dorier, fant et ordenont conseilleurs
25 de la dicta cita, deis lo jort de Chalendes qui sera l'an mil CCC sinquanta et VIII, jusqu'a cel jort de les chalendes qui serant l'an mil CCCL^{ta} IX, czo assaveir: Johenet dou Nyevro, Gillet de Vignol, Jaquemet de Chapponnay, Johan de la Mura lo grant, Michelet Panczu, Matheu de
30 Varey, Aynars de Villanova, Andrevon Bayllo; Humbert de Varey, Andrevet Berout, Hugonin Rigaut, Johan de Sant Trivier, es quals li dict metres et puebles assemblas eyssi comme dit est, per els et per totz les autres de la dicta universita et communita, donnont plena puyssanci
35 et especial commandement de ellos assemblar ensemblo, lay ou lour semblera bon, por conseillier, pourveir et ordenar ouz faiz et ous negocis del dit pueble, toutz les jours

48

et toutes les hores que leur plaira, durant le dit termen,
en non de la dicta universita; et leur enjoignent que il
40 vinant touz les vendros et les autres jourz que leur sem-
blera bon et sera necessairo ou proffeitablo, en la chapella
de Sant Jaquemo ou alhours, lay ou voudrant, devers
matin, et eyqui istent devers matin, aysi comme il est a
costuma, et autres hores, eyssi comme les besoignes char-
45 ran, por entendre, parlar et ruminar sur les faitz de la
dicta universita, pourveyr, conseillier et ordenar commu-
nalment et singularment ous ditz habitanz feyalment et
loyalment, sens prejudicio d'alcun, segont que les besoi-
gnes requerront et il porrant bonament.
50 Item donnont ous ditz conseilleeurs ou a la mayour
partia puissanci de demandar, recivre, deffendre por elos
ou per aucuns, un ou pluseurs deputas ou deputa per la
mayour partia de elos, qui apartindra a la universita et
qui leur sera deu, tant per lo temps passa comme per setuy
55 an qui ores comense, por qualque causa que czo seit, et
de quittar, comprometre, composar et fere acordies sur
les faitz de la dicta universita, si comme bon leur sem-
blera, et meis de fere imposicions, una ou pluseurs, per
eles ou per celos que li mayour partia arie deputa, toutes
60 les veis que leur semblera neccessaro pour la dicta uni-
versita, entre les habitans de la dicta cita, en tal manieri
et quantes veis comme leur semblera bon, expediens, nec-
cessairo ou profectablo por la dicta universita, mais que
czo seit dou consentiment et volunta de la mayour partia
65 dous metres dous mestriers.
Item donent li ditz metres dous mestriers et puebles per
elos et per totz les autres de la dicta cita et universita
ous ditz conseilleeours ou a la mayour partia d'yceux plan
poeir de fere, substituir et constituir, avoy puissanci de
70 substitution por la dicta cita et ou nom de la dicta uni-
versita, sindicos ou procureurs, un ou pluseurs, et deis a
des fant procureur les conseilleurs dessus nommas et chas-
cun por lo tot, avoy puissanci de substituir, aplaideyer,
demandar et requerir en totz jugemenz et for de juge-

75 ment, et donar tot poeir que en jugement est neccessaires,
seit en cort de papa ou de rey et en autres, de demandar
los hus, franchises et libertés de la dicta cita, et les povres
genz de la dicta cita deffendre et emparar en leurs drez,
especialment de totes injustices et oppressions, et a reco-
80 vrar czo qui est encores dehu de les tailles vieylles ou
noves ou autres impositions et deptes dehus ou commun,
et de totes autres choses qui seront a fere, aplaideyer
les faitz de la dicta universita et revocar celos et fere autros,
totes feys et quantes feys leur semblera bon, et donar tant
85 fort et tant grant poeir comme il voudrant a fere les dictes
choses, tot ou despens communs.

   Item volent et ordenont ou nom que dessus que li
coffres, ou qual itet li granz seaus de la dicta cita, yteit
ches Johanin de Varey, et de les cles gardeit la premieri
90 Johanez dou Nievro, la secunda Jaquemez de Chapponay,
la tierci Aynars de Villanova, la quarta Andrevons Buylez;
et farant li conseilleur deus semaniers chascuna semana,
yssi comme il est acostuma.

   Item volent li diz puebles et mestres dous mestiers ou
95 nom que dessus que se l'en fait tort a alcun povro citien
ou autro, lo qual tort fust cogneissus per les diz conseil-
leurs et que tocheit lo dit communs, donche que y seit
adreissia czo que tocharit lo fait comun. Et per czo que
li choses seit mieux feiti et li menus puebles et autres sus-
100 venuz en leurs dreiz mieux que n'on ou temps passa, vo-
lont et ordenont li diz puebles et mestres dous mestriers
ou nom que dessus que li dit conseilleur puyssent esliere
dous ou treis convinables hommes, des meillcurs de la
cita se poont, a salairo comme leur semblera bon sur lo
105 commun, li qual serant tenu de menar a fin et metre a
exeqution, ainssint comme il porront bonament, tot czo
que leur sera enjoint et commanda par les ditz conseil-
leurs sur les faitz de la dicta communita, et autra fere plu-
seurs petites besoingnes que sovent avignont, a les quales
110 li dit conseilleur non poent alcuna feis vacar al at et al
proffict dou dit commun, et serant apella li dessus ditz

50

exequteur dou dit conseil, et serant tenu de venir al conseil quant li dit conseilleur les appellerant.

Item volont et ordenont li ditz puebles et mestres dous mestiers ou nom que dessus que li dit conseilleur elisant una bona persona por visitar sovent les portes, murs, terraux et autres clousures de la dicta cita, desay lo pont et delay, quant il sera convinablo, afin que les dictes portes, murs, terraux seyant sustenu als despens communs et en leur bon estat et non empiriez ni perdu par ruina ni par outro mal governement.

Item preyont et requieront li ditz puebles et metres dous mestiers ous conseilleurs qui ant yta deis chalendes passées juques a prensent, que il metant bona diligenci par lo plus tost que il porrant bonament apres ceta publication, coment li conseilleur, ci dessus esleuz fassant lo sairement et pregnant la chargi a eaux, en tel manieri que la cita ne remanignet seins conseil et per deffaut de yceux ne prenet domage li dicta cita, citiens et habitans.

Item totes les feis que en setui present sendical parlet dous metres dous mestiers ou dous conseilleurs ay, est entendu que li mayeurs parti dous diz metres dous mestiers et conseilleurs puissant et deyvant fere tot czo que tuit li metre et conseilleur ja dit et poeir ayant li dit conseilleur de fere totz les faitz et negoces de la dicta cita et universita et tout ce que poont apertenir a bon et san entendement. Et promettont li diz puebles en bona fey et sobz la obligation de leurs beins les choses dessus dictes attendre et tenir et contra non venir, et les choses dessus dictes et chascuna de ycelles fant et ordonent et establissont li ditz puebles et metres dous mestiers ou nom que dessus en la melleur maneri et forma que il poont et ant acostuma, seins prejudicio de quelque soveran, outra la maneri acostuma. Et volont et conseintent li ditz puebles et metros dous mestiers que de czo se fassant si bones et si fors lettres comen l'om porra, et non pas tant solament segon czo que est eissi escript, mais segont czo que puet estre li ententions de czo qui est çi escript, ou proffict de la dicta universita, seins freinti ou prejudicio de autruy.

51

12

USAGES DU MISTRAL DES COMTES DE VIENNE

Vienne, 1276. – Ed. A. Devaux, *Essai sur la langue vulgaire du Dauphiné septentrional au moyen âge*, thèse présentée à la Faculté des Lettres de Grenoble, Paris et Lyon, 1892, pp. 70-81.

1. Ici commensont li usajo monseignor de Belveer, mestral al contos de Vienna. Le mestrauz monseignor l'arcevesque deit delivrar les cles de les portes de Vienna le jor de festa sant Martin monseignor de Belveer o a celui qui
5 est per lui.

2. Celes deit gardar los XV. jors de la feri al salvament de la vila; e a monseignor de Belveer deit om XL. s. per unes armes e VII. s. per VII. leideers; III. aunes d'Anonay per XII. d.; II livres de pevro; e los sure souz de
10 les portes.

3. X. sirvanz li deit om soignier los XV. jors de la feri: lo matin, pan et vin et atos sus genouz; lo vespre, dos meis de cher freschi et sala; al maistro qui los guie una gelina ou I. cunil.

15 4. Co deivont paier li leideer. Cil no deivont traire fue de meison en pailli, ni en chandela, ni en tison; mais deivont alar al gait de la vila et a les portes regardar si sunt emendes et si issunt les gaytes.

5. Li fauro deivont IX. deniers al contos, cil qui ovront
20 en encluenos; les cornues VI. deniers; li suaor VIII. deniers; les petoresses IIII d. Co est tot al contos, sauz II. d. e los hublias.

6. Tuit cil qui vendunt draus d'Anonay a Vienna deivont III aunes d'Anonay al contos per XII. d. que om
25 torne a chascun.

7. Li pellicier qui fant moutiz deivont VI. d. de que li meita est al maistral; les peuz blanches VI. d. qui sunt al maistral. Cel qui commence lo mestier de les peuz blanches deit IIII. s. et IIII. d.; li IIII. s. sunt al maistral et
30 li III. d. a la leida.

8. Qui comence lo chalp de Geri deit IIII. s. et IIII. d.; li dui s. sunt al mestral et li dui sunt als seignors; li IIII. denier sunt a la leida.

9. Le pechare qui prent lamprey a fila deis la rochi del
35 fonz enduchi a la rochi de sus sant Roman, si non en prent mays I., si en deit II. l'un a l'arcevesque et l'autro al contos, sauz lo rei qui el recont dedins l'aygua el navey de celui no deit ren.

10. Qui a aduit cerclos a dos anos, si deit l'una soma
40 al contos et l'autra al mestral.

11. Le pendans de Val Roser qui resguarde vers la chosa maistro Girart est del mestral.

12. Paquauz, le faure, per sa vigni IIII. s. et II. [d]. et malli per la fontana cuverta; Hugo Darmais IIII. s. per
45 sa vigni; li moiller Johan de l'Isla IIII. s.; li Cacheta IIII. s.; Bosones, le greuz, VI. d. per la chosa qui fu al cercler; III. [d.] et mailli per lo columber; n'Ugo del'Escaro per la peci dessus I. poiesa; Bertholomeus Liatra per la vigni qui fu Johanon poiesa, per la vigni Charriol
50 I. d.; Charriouz, autro d.

13. Le forners de Sant Pere VI. d. per la vigni qui fu a man destra; maistre Girarz I. quartal de froment et VI. d. per la chosa qui fu Peron Maignin; Andreus de la Rochi per sa vigni I. soma de vin; li moiller qui fu Chal-
55 vet, al pellicier, autra soma. Co est tot al maistral, cesses et vendees.

14. Ici comencent les cesses cuminaus del mestral et del seignors de Buec reyel.

15. Li charmarlenchi deit de la terre gaignabla V. s.
60 dependent del buec de vers Gieri, deit III. s. I. d. per la vigni de Buec reyel; Chustrins en la partia de cela vigni II. d.; le chapellans de Jarzins I. d.; n'Aymo Chaina de

la terra qui fu Valer IIII. s. II. s. menz et I. mestier de
froment;

65   16. Bosones, le greuz, II. s. et IIII. d.; Peros Girouz VI. d.
per sa vigni: li mollier qui fu Johan, al saintier, III. d. per
lo pra et III. d. per lo buec; Berarz XII. d. per son essart
et per son buec; Peros Girouz VI. d. per sa vigni; Humbers
Porta XI. d. per lo pra qui fu Aymon del Palais; XII. d.
70 per los dos ilaz, VI. d. per la broci;

17. Joffreis le maiselliers, XII. d. per la chosa qui fu
Sonac, I. d. per I. pra del buec qui fu n'Aymon del Pa-
lais; Ravicons III. s. et V. d. et mailli per son teniment;
Johans, dolers de Seinti Columba, V. d. de la terra qui se
75 tint a cella Ravicon;

18. Bosonez, le greus, II. s. et IIII. d.; Thomas, le do-
rers, VI. d. del champ de Pont evesque; Vincenz Rai-
gniers II. s. per la terra del Chastagnier, VIII. d. per la
terra qui fu Trepier, XVIII. per pra Grimont, de que li
80 XII. sunt al mestral; Estevenenz d'Illin II. d. per son illat;

19. Pero Torners III. mailles per I. de les pees del buec
qui fu Aymon del Palais; li moiller qui fu al fil Guionet
del Ga I. d. per celes meimes pees; li moiller qui fu Peron
Armant VI. d. per sa vigni; Sulmant X. d.; Bones Mar-
85 nanz IIII. d. per les pees del buec n'Aymon del Palais;
Lorens del Clos III. d. per les pees de cel buec;

20. Guillermos de Lara III. d. per son essart; Lorenz,
le nes Boner, VI. d. per la chosa qui fu Soleillat; le mes-
trauz de l'Uelmo VI. d. per cela meima terra; le Quitans
90 IIII. d.; li Enarda VIII. d.; li moiller al mitaner III. d.;
li Chancona III. mailles;

21. Li dui frare qui iston soz la crota de Pupet VIII. d.
per la vigni qui fu Peron de Lara; cil meismes IIII. d.
per la vigni qui fu Belmur; li Vola IIII. d. per sa vigni
95 qui fu Peron de Lara; Rainauz XII. d. per la terra qui
fu Guillermo Franceis, et deit XI. d. per sa vigni et III. d.
per l'essart;

22. Pero le sorz, le frare Lorent a l'escofer, deit XVIII. d.
per ses vignes de Buec reyel et III. d. per la chosa qui fu

100 Soleillat; n'Aynars de Vilanova per son champ del Buec
reyel VIII. d.; Matheus de Vilanova per l'essart qui fu
Gonter XII. d.; per lo buec acessa XII. d.;

23. Li donna de l'Uelmo per son prat de Pont evesque
XII. d.; Valers I. d. per son illat; n'Aymo Chaina deit
105 LX. s. per lo paquer, de que li XX. sunt al seignors per
lo pra et li XL. s. se partont per terz. Qui gaaigne aus
arz a dos bos, si deit I. mester de segla al mestral per
pasquel de Buec-reyel.

24. Li abaiessa deit lo jor de festa sant Andreu I. emina
110 de seigla et la livra de III. moness. Co est al mestral; per
co deivont les donnes cullir riortes et alcunos (?). Li tres-
mees de Buec reyel sunt al mestral; los ivernauz deit cullir
et gardar et mepartir; li bandeis, V. s. en aval sunt al
mestral.

115 25. Ici comencont les cesses del mestral a la donna de
Saissuel et de monseignor de Belveer, mestral al contos.
— Li vigni Guillermo Aynart al mur blanc dessoz la ma-
laderi de Mont Risiers XIX. d. poesa menz; li vigni Pe-
ron d'Anonay XX. d.; li vigni Peron Ros XIX. d.; li vigni
120 qui tint li moiller Peron d'Archeu VI. d.

26. Li vigni Peron del Peron VI. d.; le nes le prus joines
XII. d. de la vigni de Perafichi; li donna de l'Uelmo, del
Puey san Didiel VIII. d.; Crestins de la Cort, del sauzei
qui fu a maistre Peron Chapuis VIII. d. Co est cuminal
125 al dos mestraus, vendees et cesses.

27. Les cesses d'Escharavella, de Trecins et de Perafichi
deit cullir le mestrauz a la donna de Saissuel, et deit ache-
tar una borsa de III. d. del cuminal en que metra l'argent, et
lo deit portar el palais devant los seignors; iqui partont mei
130 a mei li seignor et li donna de Saissuel; el tiers de la partie
als seignors prent le granz mestrauz lo terz en vendoes.

28. Li donna de Saissuel a la meita el banchajo del
meisel euz deniers et en les lengues; per cest feu recoignu
deit XXX. s. al dos palais, a chascun mainien XV. s. per
135 gonnella; si li seignor si faissiant grant venua, le seigner
de Saissuel deit istar a la porta et gardar icest feu nima-

tint (?) l'alberz de Saissuel dels contos, et deit baillier la tierci part de les vendues.

29. Li maysons n'Aymon Chayna josta lo cimintero mi-
140 don Sainti Mari la Ves deit IIII. deniers; li maysons Ro-
bert Bellin qui fu en Donnet IIII. d.; li maisons Jaque Jordan e al nevou Martin Berguis II. d.; li maysons qui fu Peron al nevou a l'archidiaquen de Conturberi VIII. d.;

30. Li porta Symon del Palais las la porta de l'iglesi
145 midon Sainti Mari la Ves II. d.; I. pou de placi en que avit huers de rere la porta IIII. deniers; li chambra qui fu n'Ugon de Malaval VI. d.; li maysons al chapellan X. d.; le murs Robert Bellin I. d.; le murs de la chambra de-
rere I. d.

150   31. Totes cetes cesses et les vendees sunt al mestral; en totes les autres cesses de Vienna no prent ren le mes-
trauz, mais lo terz prent en vendoes.

32. Le clos qui fu auz anfanz n'Andreu del Palais deit doui somes et I. barral de vin et I. sextier de froment que
155 deivont seignores Ros et maistro P. Borgureuz cuminal-
ment; n'Aymo Chaina III. barrauz de vin per la vigni de Vimeina qui fu Johan Valin, I. soma per la vigni qui fu n'Ugon de Vilanova, e I. soma per la vigni qui fu Johan Tivoler, V. somes de la rochi deuz fonz qui sunt al mestral;

160   33. Li vigni de la nilli qui fu Pain Gassalart fu dona a pecs a XII. d. la pea, de que Poncez d'Auries en tint VIII. en pris de VIII. s., Guillermos de Telley VII., li moiller qui fu Peiron IIII., Pero d'Ayreu II. Tot co est dels con-
tos, sauz les V. somes de la rochi deuz fonz.

165   34. Li Girinenc tinont del feu al contos deis la meison Peron Rainout, issi con se vire de vers l'Armona enduchi a la maison a la chamarlenchi e de vers la premeri mala-
deri de Pupet duchi a la tueri d'amont e la cheina de l'Espi-
tal, duchi a l'aigua d'aval, issi con li aigua se porta, duchi
170 al chamin qui torne vers la premeri maladeri, X. s. sur los leideers a la feri de Tossainz per I. escu. Co est tot del feu auz Girinenz.

35. Le mollenz del Fanjaz et le forz d'otra Geri et li

56

maysons Peron Fauro de Las, le cellers en que on vent lo
175 ban outra Geri, et li maisons qui est Peron Fauro de Las,
et li maisons de Ternay, e le pendenz d'Escharavella de
vers l'iglesi d'Arpou, del feu en Guion de Sinicia.

36. Li chambra de l'Uelmo et les maisons basses enduchi
a la dymei maison qui fu n'Amblart de Crimeu, et li mai-
180 sons qui fu Guillermo Rasches enduchi a la fest de la mai-
son Monluel, del feu en Johan de Bergoing.

37. Guicharz Charreri prent les boisses del chanevo, e
de les maisons assoler vendues del quintal I. sextier de
mel, et de celes souz seler I. dimei sexter, et deit soignier
185 mantiz al contos quant il ci sunt.

38. Cil de Maisseu per les II. parz del for d'outra Geri
prenont per an IIII. lib. e XIII. s. e IIII. d. e VIII. d.,
soma VII. lib. que deit le forz per an. Cil de Maisseu sus
lo banchiel del maisel X. s. per an.

190 39. N'Aymon Chaina prent deis l'ouvror qui fu Bernart
de Sanz Juerz en aval duchi a la maison Symon del Pa-
lais qui est las l'eglosa del Fanjaz, i est tot ico qui est dit
devant del feu del contos.

40. Li maisons Symont del Palais, sauz la sala n'Ugon
195 del Palais, est del feu al contos.

41. Li maisons Guillermo de Tellez, e li maisons n'Ugon
Tremeley, e li maisons en Peron Gras, e li maisons en
Chastelan, et IIII. maisons qui sunt dedinz lo maisel, e
XI. banc davant, et sunt les maisons entre la maison
200 Peron Isimbart e celes a la Chamarlenchi;

42. Li dimei maison qui fu n'Amblart de Crimeu, e
le[s] II. maisons apres sunt Jaquemet de Brion, e li banc
davant e li maisons qui fu Martin Boveri; li maisons n'Ete-
ven Borzeis, e li Simont qui est apres, e VII. bans qui
205 sunt dessoz; li maisons Peron d'Aireu; li maisons Peron
Rambout qui est apres.

43. Tauz est li segnori al meisel. Si le maiselers vent
chavrot dedinz lo maisel, li maisna del seignor ou del mais-
tral l'en pot portar per lor; e si vendunt l'aignos defor,
210 autressi, si lo farseisont a tortal.

44. Li triperi qui coit los bueuz, si espanche l'aigua dedinz lo maisel, si deit III. s. e dimei; l'esteters qui coit les testes, si geta l'ossamenta, III. s. e dimei; se il fondont deis Pasques tro a la Saint-Martin, III. s. e dimei.

215　45. Se il escorchont bo el maisel III. s. e dimei, ma que per IIII. choses: si Roinz est si granz que om no poche escorchier en la riveri, ou per tant grant ploivi que om no poche alar a plan, ou per tant grant ciament de nei qui lor curtisse la cher, ou per tant grant ora que choleuz 220 no poche ardre a plan.

46. Si le maisellers achete una cher de bo o plus, usa ant que les leingues sont lour. Li suaor de Cuvieri qui paiont lo chal (?) et l'usajo per an passunt la leida del cuers pelos, ja n'ociant maison. Als pelliciers qui paiont 225 l'usajo en quareima del moutiz a lors messajos no deit om ren toudre lo sando defor les portes.

47. Cil qui donont l'usajo del cerclos, si il espanchont, ne tartornont ren; per les poz en l'emenda dels seignors est.

13

COMPTES CONSULAIRES DE VIENNE

Vienne, 1389. – Ed. A. Devaux, *Essai sur la langue vulgaire du Dauphiné septentrional au moyen âge*, thèse présentée à la Faculté des Lettres de Grenoble, Paris et Lyon, 1892, pp. 97-102.

1. So sunt les parcelles du despens et de l'achet que ju, Armans Feuchyer, ay fat per II. veys que ju ay ita en Avignion et per I. valet que ju ley ay trameis una veis per achitar et fere fere una na d'argen per le servis du 5 Roy nostre seigniour Dalphin de Vienneys per la comuna de Vienna en son novel avinimant en la cite de Vienna.

2. Premerimen, parti de Vienna per vaquar en la dita na aportar ou fere fere lo vendres a IX jours de Jul l'an M.CCC.LXXXXIX et lay itay tan que lo sando per tot

10 lo jor a XVII. jors du dit meis de Jul, qui son IX. jor
natural, monte mi despens de II. chevos et a I. escu per
jor, isi come me fut taxa et accorda, IX. escus, va-
lont   X. franz II. g.

3. Item, quan je fus [en] Avignion, ju [ay] achita una
15 na de Cathalan avoy sus que, o quas que illi ne feut suffi-
cien per donar o Rey a la relation de monseigniour Da-
miens ou je fus adreses per mossen lo corrier de Vianna
et a mestre Gile Vinians, je en fuso quittos per un frans,
liqual na fu point bona, et balli ou dit Cathelan   I. franc.
20 4. Item, per fere fere en paper les portraitures de
plusu[r]s nas et d'autres joux, VI. g. de paper va-
lont   VI. gr. I. tierz.

5. Item, quan ju vis que je non poin ren fere ne trovar
chosa qui fu bona per la volunta du dit monseigniour
25 Damiens, je fis marchia avoy Manfrey Framins, changeor
d'Avignion, en la presenci de mestre Gile Vinian et de
Jame Revol et de plusurs autres et de Johan de la Tor
de Vienna, de fere fere una autra na d'argen sus dor de-
dens et defor per lo pris chasque marc de X. frans II. g.
30 bons, avoy sus que on lo puecet d'eiqui a VIII. jors con-
tramandar o mandar que on ovrest en la dita na.

6. Item, quan je fus retornas, aven fat ma relation a
messegniours de ceta villa, il m'en an ordena que je lay
trametiso un valet per fere ovrar la dita na, a cuy je do-
35 nis II. frans, don li priur de Boges per ly portar aucunes
letres li donit I. florin, et ly balli XX. g. de resta,
valon   I franc IIII. g.

7. Item, parti de ceta villa lo sando (a XI jor du dit
meys de septembre) apres nostra Dama de septembre
40 a XI. jor du dit meis de septembre per alar querir la dita
na d'argen, et lay iti tam que lo jor de la San Mathe que
fut mais a XXI. jor du dit meis, que son XI. jor natural,
monte mi despens a II. chivaus do dis XI. jors a I. escu
per jor   XII. frans VI. g.
45 8. Item, ay ballia a Piero Ro et a Johan de Lograz et
a Johan Vesselier, André Barbillion, a Guilliame de la

Colombera per lo chenjo de III. escus de totes moneies,
los cau je ay heu de Johan de Lograz, don ell a lo co-
mandamen dever si, a II. liars per escu, monte li chen-
50 jos   VII. frans dymi.

9. Item, ay ballia a Manfrey Framyns changeor en
Avignion per XXXVII mars V. onces et I. g. en la pre-
senci de mestre Gile Vinians, Jame Revol et Riquet Mer-
ser et plusor autros, et asse ju n'ay quittanci de sa man
55 a IX. frans II. g. bons per marc, III.ᶜ XLIII. frans,
XIII. g. bons.

10. Item, ay ballia per l'etuy en que on ha porta la dita
na d'argen   V. frans.

11. Item, ay ballia per VI. linsuel viel, en que on a
60 envolopa la dita na d'argen, achita chies los Jues II. g. bons.

12. Item, per XVIII. livres de coton meis a fere la balla
de la dita na et en l'etuy de la dita na II. flor. III. g. bons.

13. Item, per una canna de vianeis per fere la sarpelleri
de la dita na d'argent   II. gr. bons.

65 14. Item, per cordes per lier la dita balla en que et li
dita na d'argent   I. g. dymi bons.

15. Item, per celluy qui a lia la dita na d'argent I. g. bons.

16. Item, per lo chenjo de III. frans X. d. bons frans
per XV. g. avenir (?) frans per XVI. g. III. g. dymi liart.

70 72. Item, ay ballia a Engarant lo dorier et a sos va-
les qui an fat la dita na d'argen maugra mins present
Manfrey et Valliant per mestre Gile Vinians, I. escu
vaut   I. franc II. g.

18. Item, demandet per son travail ly dit mestre Gile
75 Vinians «so que vous plaira», et penso que qui ly don-
nera una cua de vin que el se tendra per contens, ensi
come el me disit chez lui en Avignion en la presenci de
mossen lo corrier de Vienna.

19. Soma que monte per tot so que ju ay ballia per la
80 dita na ensi come se contint per les parcelles dessus di-
tes,   III.ᶜ. IIII.ˣˣ. IIII frans XIII. g.

Ly ay heu de Johan de Lograz recevour general de la
cita de Vienna en diminution de les choses dessus dites

dont el a lo comandament dever si,   III. escus,
85 valon a frans, III^c XXXVII frans dymi.

Ensi me deyvont de resta de la soma de III^c. IIII^{xx}.
frans XIIII. g. que ju ay meis per les parcelles dessus dites,
rebatu los III^c. XXXVII. frans dymi que ju ay heu du
dit Johan de Lograz, salva errour de contio XLVII.
90 frans VI. g.

20. Sequitur computum Guillelmi de Opere.

So sunt ly despens fas per Guilliame de l'Ovra per les
letres novellamen outroyes per lo Roy Dalphin Nostre
seigniour a la Comunitaz de Vienna sus lo fet dous in-
95 carceras ou chatel de Pupet et per la exeqution d'ycelles.

21. Et premeremen, at ballia a mestre Girart lo fisiciant
per lo mandamen mestre Johan de Bordes ou qual ly dis
Guilliame eret entenus et obligis per lo seel et treval de
la graci feti per lo Roy Dalphin Nostre seigniour a l'at
100 desus dit   L. frans

22. Item, a Johan Duran, cler de Lion, ouqual el a
fet pat a I. flor. per jor per alar querre a Grenovol la exe-
qutori sus les dites letres, ly quauz y at ita VII jors VII. flor.

23. Item, per lo seel et escriptura de la exequtori feti
105 sus celles letres   VIII. g.

24. Item, a ballia a Tievin Rafforner qui alit a Greynovo
a la jorna de les dites letres   X. frans.

25. Et lay a ita IIII. jors a Greynovo et a Lion a ita
III. jors per lo fait de la villa et a feit itaus despens qui
110 montont tam per salario que per despens, contio fait da-
vant la majour partie dels sindicos, de Guilliame dell'Ovra,
de Franceis Costaing, de Henris Ysimbart et de Jacerant
Loren, les X. frans dessus dis a luy ballies.

26. Item, per I. navey qui a amena Guilliame de l'Ovra
115 de Lyon a Vienna per lo fet de la villa   I. fr.

27. Item, ay ballia a Jacerant Loren per los despens
que el et Guilliames Neyros et Rafforniers an fayt a Lion
en IIII jors que il ant ita a Lion, enclusa una torchi que
il ant achita per lo fait de la villa, enclus lo loy de I. ron-
120 sin   II frans.

61

14

LA VIEILLE LAVANDIÈRE DE GRENOBLE

Extraits.

Grenoble, première moitié du XVIᵉ siècle. — Monologue sa-
tirique dû sans doute à Laurent de Briançon. Le texte ci-
dessus reproduit la plus ancienne édition connue, *Recueil de
diverses pieces faites a l'antien langage de Grenoble, Par les
plus beaux Esprits de ce temps-là. A Grenoble, Chez Philipe
Charvys Libraire & Imprimeur ordinare du Roy.* M.DC.LXII,
conservée à la Bibliothèque Municipale de Grenoble, n.º U 1171.
La Vieille Lavandière en occupe les pp. 55 à 74.

Quinta fanfar' eitò cecy ?
Que fon-to tan de gen icy ?
E semblet una synigoga.
Sont to dei ja le dans' en voga:
5. Ou si s'eyat que deibat ?
Veicy vn terriblo sabat.
N'et gin à mon aui per fare
De le pore gen lou zafare;
Mei ben per drugeyé tandi
10. Qu'v l'afanont lo Paradi,
Et que l'vn & l'autro deifaille:
N'et gin inco lo tem que faille
Charchié de not lou passatem,
Coma de vray rougibonten,
15. Ore que gnat que Purgatoiro:
De veire tout içon ie moiro,
Et ie m'eibaïsso coman
Den ceta villa de Roman,
(Ie volin dire de Garnoblo)
20. Autant lo Monsieu que lo Noblo
Volont que tant de meneitrié
Passont de brut mei qu'vn cloutrié,
Ou ben plutò qu'vn breu d'auille

62

Por cette nargouse de fille,
25 Oey, ie m'eibaisso de vey,
Que le gen que deuriont sçauey
Que faut auey l'ama bien netta,
En cesta si pora planetta,
Fassont tant de folatari.
30 Veyre qu'à la Granatari
Lo bla v pey de l'or se pése,
Que l'on ne fat plu point d'empése
A causa de la chareiti :
Et que tau qu'auiet auerti
35 D'auey de bô à l'ordineiro,
N'a pas sou de pan à l'armeiro.
Tau n'at qu'vn plen foyeu d'efan,
Que tout chié leu brame de fan,
Et tall'auiet fort bona mina,
40 Que transit de mala famina.

. . . .

67 La chareiti tout lou iour double :
Car du zignon le moindre couble
Coustont quarto sou, & le raue
70 Qu'autrefei lo mondo donaue,
Sont aussi chiere que lou chou.
Veiqui perque de mon mouchou
Ie me pano souen le vialhe.
Eh, qui payrat-to le talhe,
75 Cellou sont four de jugimen,
Que n'en n'ont quoque pensamen :
Mais i'ay biau m'en rompre la testa,
Le gen n'en font que plu gran festa,
V se chalhont de me raison
80 Autant que de me zoraison.

. . . .

97 Lo mond'en tout se deigomine,
Ie ne sçauo ce qu'v diuine,
Vo veyé qu'vn home bien fat
100 En prou d'oure se contrafat,

V s'abilhet en toute mode,
Et iamey bien ne s'accommode.
Tantò v let plu bigarra
Qu'vn Sauoyard de Pontcharra,
105 Tantò veitu à l'Espagnola,
Et tantò à la Carmagnola:
Tantò tout couuert de clinquan,
N'obliet pas son boquinquan:
Tanto faut qu'v porte & qu'v l'aye
110 Lo mantet court iusqu'à le braye,
V l'et (tesmoin nostron veisin)
Meita figua, meita reisin.
Per ceste belle Dameiselle,
Que font tant de miron mirelle:
115 Elle portont mey d'attifet
Su la testa, que lo buffet
D'un marchand de chose nouuelle:
Car tout sur elle carcauelle,
Elle s'enfarinont lou peu;
120 Elle se miralhont, & peu;
S'enfrageon de grosse zeitache
Auoy lour colet d'eipinache:
Et per far'enragié du tout
Lou meina que couront per tout,
125 Elle paront de prima tela
Lour affeitari de moutella:
D'elle ne faut pas s'eitona,
Ell'ont deque se pimpona.
Mais quand cette filhe de chambre
130 (De qui la plus part s'eicalambre
Per fare mieu lou fournelet)
Font de lour maistre lour valet
Per porta autant de besogni,
N'et-to pas vna vray vergogni;
135 Elle se copont lou chaueu,
Chousa que iamey ne s'ey veu.
I se font de si grant bergnole

Que vo diria que tout s'enuole,
I son plu gloriouse qu'vn pet;
I se font toutte lo topet.
I'en veyo vna que se cache
Qu'at mey qu'vn laquay de mostache:
Ne sont-ti pa bien deiuerguey
De se coiffié comm'vn laquey,
Elle semblont de Sarrazine.
Regarda me proche veisine,
Elle monstront lour bella pét
Et lour tetet jusqu'v poupet,
Et si n'estiet quoque pourassi,
Elle monstrarion la fendassi.

. . . .

Ah! que le filhe du tem vieu
Se comportauon toute mieu;
I semblauon per le charreire
De None qu'on ne pot pa veire.
La plu richi n'osaue pa
Porta lo moindre poinct coupa,
La plu bella ne se monstraue
Que quand sa mare v comandaue:
Mais ore la plu leida vat
Ronflant comm'vn vray charauat,
Et la plu pora sur sa cóta
Met plu valhen qui n'at de dotta.

. . . .

15

LO BANQUET DE LA FAYE

Grenoble, 1550 environ. — Poème de 454 vers, oeuvre de Laurent de Briançon imprimé à plusieurs reprises au XVII⁰ siècle et au XIX⁰. Le texte ci-dessous reproduit la plus ancienne des éditions connues, *Lo Banquet de la Faye avec la Vieille*

La mon pres de Vénci, en tiran ver Chatróussa,
En vn'hauta montagni enuelopa de móussa,
Et touta eiburifia de fau & de sapin,
D'izerablo, d'arbóu, genéuro, arbebin,
5   Et de chano si hau, qu'et aui (per ma figua)
Que Die lou zaye fat per fare v cié la figua.
2 Dessu la finta cima, entremei de dieu córne,
Son deden lou rochat miliante calabórne,
Deden le quale von se repeire le Fáye
10   ·De tou lou zenuiron; & iqui toute gáye
Drieu & resolacié sen quéition ou debat,
Tenon lour sinagóga & lour petit sabat.
3 Le veille du pay, v pru hau du colet
Prou de fei le zon veu dessu lo serpolet
15   Sauta com'vn chourot, & en se rigolan
Faire de cupelié per un prá pendolan:
Lour bergié le zon veu; celou de ceteu ten
De le veire burdî n'on pru lour passaten.
4 Car v son trot furbí, trot chiet, trot prin prenan,
20   Et que ne se von pá d'elle entretenan:
Aussi deipeu ceu ten ne fut bona saison,
Et le chieure barbiéu la possi en la maison,
Borénfla de lacet, en deipeu n'aportiron;
Car le Faye du leú le no zeicumigíron.
25   5 En celeu ten de Dié vn mondo deuotiou,
Lo ben veniet v puin sen trauai ni sen siou,
Et sen tan telena la terra bona & drua,
Cuilláuon mai de blá qu'ore auer la charrua:
Le vigne sen fessou forci vin aportáuon,
30   Et de forci de frut lou zabro eicoisáuon.
6 De cete Faye est Reina la granda Iaquameta,
Qu'et de pare & de mare serou de la Perneta
Migimotet; qu'vpres de le tine vinouse

66

Repeire v Pertú de le piere preciouse:

35 Et dion communamen le gen, que **Melusina**
Lour ategnet vn pó, e eret lour cusina.
7 Ceta Reina vo zet una gay friquandéla,
Béla coman lo iour, prima coman cordela,
Roussa coman frumi & el'y vo tralut
40 Coman la bell'eitela, ou coman lo culut:
Et n'oze, v dieblo l'vna, à lei s'apareillié
A courre, barrieulà, ou fare cupelié.
8 Sa caborna est pru gran que le zautre ne son,
Est deden lo rochat de terribla façon;
45 Vn ten fut picotá per vna gran parchia
De Faye que leyen el'y tin empacha:
Et que lei son toujour, ne fau dire **coman**
Malamen empressei, à fare son coman
9 La porta est reuiria ver lo Solei leuan,
50 Et touta enuertoüilla d'era per lo deuan;
Et d'vn boisson si fort, que qui n'et feitureiri
Iamais, v gran iamais ne troue la dresseiri:
Et si, per malencóntro, vn poro malheiro
Lei fúne, incontinent v deuin lou berou.
55 10 Iqui lou roussignou, lou linot, lou senit,
Lou quinçon, lou tarin, vont arreizié lour nit:
Et tout lo cor du iour y tenon l'eitampel,
Que vou diria de loin qu'et quoque charamel,
En gringotan lour chan v bout d'vna rigóla
60 Que cóle, gorgotan per la bell'herba móla.
11 Iqui le Faye von lour faci miraillié,
Iqui chará lou groin, iqui se gatroüillié,
Et iqui se farda, de pou qu'en tirigueina
Ele ne se montrion v deuan de la Reina:
65 Car, de bona cotuma, é fau que chaque iour
Tráque toute alan deuan lei fare vn tour.
12 Per li rendre raison, quan l'y tin son sabat,
De ce que tout lo iour ele zon dit & fat:
Et ce que en alan per montagni & plana
70 Ele zon oüi conta v four, à la fontana,

V moulin, à la messa à le seruente; tróy
Que dion de lour meitresse e lo bon & lo croy.
13 Poizié la Iaquemeta en son pertû tenit
Vna gran sinagóga, où ell'y semonit
75 Sa seron la Perneta e le Faye d'entour,
Que de Grisiuoudan repeiron tout v tour:
Talamen que ne fut filhi de bona mare
Que volisse failli à vn si biau afare.
14 Per iquen eli auiet vn banquet aseimá,
80 Si gró, si merueiloú; i'ozo bien affermá
Que solamen lou gniot, lou crozet, le rauióle,
N'eussion pa poi chauí en millianta cornióle:
Et crey que mille bit venan de laborá,
Ne lou zoussian pa poi d'vn mei deilauorá.
85 15 Ben furon de raisin cent bone banatei
De le coste d'entour, de Coren à Portei,
De Meilan, de Gorget, où le Faye se cólon,
Per amour qu'v pru pré de le vigne chourôlon:
Et veiqui d'onte ven qu'en vigni de montagni
90 Est toujour mei de vin qu'en cele de campagni.
16 Cen Fayete, veitié d'una blanchi gonéla,
Fremei ver lo tetet d'una blanchi cordéla,
Charreauon lou plat, & cent autre v tour
Préte a bouteillié, viroliáuon v tour:
95 Et n'eussia poi si po lou guignié de la téta,
Qu'arranda vostra lóra n'en fusse vna préta.
17 La Reina s'auisit v beau mei du repá
Que permei ceu tropel la Fleuria n'ere pá:
La petita Fleuria, qu'et si chieta & friqueta,
100 Qu'vn Rey godariet ben auet fat gran pratiqua
S'v la tegniet vn vépro à son aiso embrassia:
Adon é de sçauei si l'y en fut courroucia.
18 Voy! dit-eilli adon, qu'etoy ceci, veisine?
Quunta bella maneiri, & quunte belle mine
105 No fat oy la Fleuria? petita picarnóusa?
Furbia, groin de furet, eiceruela nargóusa?
Qu'óre tenan son pitro, & confla, ver chei si

68

Soleta demoran, quan chacun é eici ?
19 O, ô! faudra-toi don, per étre vn po béla,
110   Que l'y face toujour ici la dameiséla ?
Et si li v teigniet, que li n'et pa? perdié,
Perdié, Dié m'ou perdon, digna de deicouchié:
Ie crey ben que ie la. Me, beuon me comare,
Et laisson per enqueu cetou menu zafare.
115   20 Iquen disit la Reina: Adon de gran secoússa
La Fleuria se lancit leyen plena de poússa,
Si trempa, si treiná, & si lássa, qu'à pena
El'y pouiet souflá & tirié son aléna:
Et ne poisit iamai (la poreta lacet)
120   En intran, soulamen lour dire, Dieu s'ey set.
21 La Reina que la veit veni, eiferucliá
Com'vn chin qu'en cusina v l'on eicharbucliá;
Li disit eibaya, Qu'y a-toi, bella rósa,
Perque vo fuyé tan: Y a toi quoque chósa ?
125   Adonque la Fleuria s'en courit asseta
Arran d'un gro barlet qu'el auion aportá.
22 Trei fei vo l'engrognit; & apres auei beu,
Commenci souspiran: Si iamai vou zay veu
Eiquan diauolamen qué vo tocheit v cour:
130   Si iamai home fit à fena vilain tour,
Vn petit picarnou, groin de chin, d'auoitrat,
Ceta not din Garnoblo à la fena l'a fat.

. . . .

SAVOIE

16

NOËL

St. Jean-de-Maurienne, vers 1555. — Noël dont l'auteur est Nicolas Martin, musicien à St. Jean-de-Maurienne. Edité à plusieurs reprises, entre autres par A. Constantin, *La muse savoisienne au XVI*e *siècle*, Revue savoisienne, 20³ année (1879), pp. 9-10. Sur les autres éditions, et sur l'auteur, cf. J. Désormaux, *Bibliographie méthodique des parlers de Savoie*, Annecy, 1923, p. 171 sqq. Le texte reproduit plus bas est celui de A. Constantin; j'ai cependant coupé certains mots, et usé d'une ponctuation moderne.

> L'angoz Gabriel fut tramey
> De Paradi a la bellaz
> Comme sajoz et cortey.
> Sen mena gran garanellaz
> 5   La salua, disant : « Pucellaz,
> No sse pour quand tu me vey :
> Je t'aportoz la novellaz
> Qu'en ton ventr'a fruict beneyt.
> Quant je toz dioz, se me crey ! »
> 10   Noé ply de trenta vey !
>
> La viergiz rogeysseyt
> En brogean suz loz messagoz ;
> Apré loz musa noz vey
> Ly declara son coragoz :
> 15   « Comme se farit l'ouvragoz ?
> Je ne nuz jamay envey
> De cogneitre personagoz ;
> Virginita j'ai promey,
> Pucellaz suy et sarey ! »
> 20   Noé ply de trenta vey !

70

L'angoz, comme bin aprey,
Respondit et ly va dire:
« Le Sainct Eprit orendrey
Descendra en la maniriz
25 Que cachera la lumieriz
Du mysteroz un po toquey,
Et naîtraz sen grand fumieriz
De tey un sainct que je crey
Fioz dé Dieu motra du dey ».
30 Noé ply de trenta vey !

« Mariaz, regardaz et vey
Elizabet, ta cousinaz,
Qui esteyt, ey n'a pa trey mey
De conceyvre enfa indignaz;
35 Consideraz un po sa minaz
Et son ventre, comme crey !
La graciz de Dieu benignaz
Ouvret en celui qui creyt
Possible li et que qui seyt. »
40 Noé ply de trenta vey !

La viergiz jognit loz dey
De viagoz bin me de trenta,
Disant: « Angoz, te me vey,
Je suy du Seignour serventaz.
45 Lua ssey Dieu, je n'ay pas crentaz
Que celuy lez m'abuyseyt !
D'estre grossaz suy contantaz,
Ma que nion ne me toucheyt !
Comme ti a dict, inse seyt ».
50 Noé ply de trenta vey !

Estre uz but de noz mey,
La viergiz fiert en palliolaz
En Bethleem, ou Belley,
Mein vallein de parpalliolaz.
55 Ey n'y aveyt losaz ne tiollaz,

71

Uz couvert de lour logey,
Palliz, bry, piez, ne malliolaz
Ne couvertioz quin qua seyt,
Per loz gardar de la freyt.
60 Noé ply de trenta vey!

Noé ply de trenta vey
A Jesus fioz de sa mare,
La quallaz, comme je crey,
Lo consiut sen gin de pare:
65 Lo sainct Eprit fit l'afare.
Viergiz fut comme atre vey;
Joseph ne fut que compare
Du grand seignour Rey des reyz,
Un solet Dieu en trey.
70 Noé ply de trenta vey!

17

NOËL

St. Jean-de-Maurienne, vers 1555. — Comme le précédent, oeuvre de Nicolas Martin. Pour la bibliographie, voir le texte précédent. Ici encore, je suis le texte tel que l'a publié A. Constantin, *La muse savoisienne au XVIᵉ siècle*, Revue savoisienne, 20ᵉ année (1879), pp. 12-13, en coupant les mots lorsque cela est nécessaire, et en adoptant une ponctuation moderne.

Lo noe que je portoz
Merreynon luz coutal;
Ey dame je m'advortoz
Ey peyson quan de sal;
5 Hu tropel ey n'i az tal
Que se je vo lo motroz,
Voz derey que m'es mal
N'arin noz ne lo notroz.

Colin per la parelliz
Dy ce Noé novel.
T'are de la vermeilliz
Detranchaz ung platel.
Mez dy noz loz ply bel:
Je pretarey l'oreilliz.
Monstraz qua ta servel
Et gueymen te revelliz!

Colin tuseyt et crache
Devan que cumensyer,
Et dict que les estache
Du cornu Lucyfer
Estian furge de fer,
Et que Dieu se depache
D'allar rontre enfer,
Per tenir e vieuz pasche.

Liz barbus Dieu luz pare
Noz a manda son fieu
Per la redention fare.
Jo sce, quar jo e vieu
La el esteyt tout nu
Entre lo bres sa mare,
Mal chousiaz, mal vestu,
Affubla de patuare.

E faraz de miracloz
Et vivra seinctamen,
Gariraz demoniacloz,
Pregiraz sagimen;
Et son ensegnemen,
Certan est veritabloz
Perpetualamen
Creyron gens reysonabloz.

Envisiuz loz terribloz
Loz faraz marturier,

Et e ivers incressibloz
Luz verron tortollier,
45 Batre en ung pillier
Pertuysyer comm'ung cribloz,
Enfin loz crucifier,
Et ply mal si est possibloz.

E morraz per noz atroz
50 Com'ung pouroz martyr,
Et noz faraz emplatroz
Son mal per noz garir.
Ey luz faut requerir
Que noz gardey du suatroz
55 Quan vindraz a muryr,
De Satan execrabloz.

18

CHANSON

St. Jeande-Maurienne, vers 1555. – Oeuvre de Nicolas Martin, comme les noëls qui précèdent. Le texte reproduit ici est celui de A. Constantin, *La muse savoisienne au XVIe siècle*, Revue savoisienne, 20e année (1879), p. 14; je n'ai fait qu'y couper certains mots, et j'ai modernisé la ponctuation.

« Bellaz, je me suy mochiaz
Per voz beysier d'amorette,
Lava, pana et torchaz :
J'ez lez lavre toute nette,
5 Lez vostre son tan ornette !
A forciz d'estre leschiaz,
Je n'en scez gin de ply blette
Est mol quan de sa rasiaz
Je vos amo est despachaz !

10 — Se voz m'avia debochaz
Ou fect engrossyr la pancyz,

Jaquoz, voz n'avia pechaz
Et n'y a pa grand fianciz.
Mioz voz voudrit l'aquillanciz
Que de m'aveyr debochiaz.
Terie arrier vostre lanciz
Ey n'est pas ouraz machaz
Leyssye est prou tatassiaz.

— J'ay un gran temp perchassiaz,
Bell', an vostraz bonaz graciz :
Dey sinq ans je les crochiaz,
Vo facen bellaz grimaciz.
Je suy jaz freid quan de glaciz
Est fect je suy fricassiaz.
Se voz ne me teny pachiz,
Je morrey comme enragiaz,
Ey voz saraz reprochiaz !

— Je suy tan entrefechiaz
D'amour, qu'est unaz grand chosaz,
Je m'estyo bien affichiaz
Se je luvruz a Dieu ma posaz
Est fect je suy fricassiaz.
Que farey joz, malleyrousaz ?
Je sarey poez menassiaz
Fe De, je suy corrossiaz
De tenyr ma portaz closaz....

Apré que l'ust esmochaz
Demy doseynaz de viajoz,
E dict : « Est proz tracassiaz :
Ey me suet jaz loz visajoz ! »
Ly respondit : « Bon corajoz
Ey n'y haz ply qu'un uchiaz.
Fe Dez soul y haz proz larjoz
Tandy que je suy cuchiaz
Furny sen qui est cumenciaz ! »

19

CHANSON

St. Jean-de-Maurienne, vers 1555. — Comme la précédente, elle est due à Nicolas Martin. Le texte qui suit est celui de A. Constantin, *La muse savoisienne au XVIᵉ siècle*, Revue savoisienne, 20° année (1879), p. 64; je n'ai fait qu'en modifier la coupure des mots, lorsque c'était nécessaire, et la ponctuation.

> Su su, meyna, a l'ovraz!
> L'yver s'en est alla,
> Est cessa la crue ora,
> La ney a decalla,
> Lyz glez est degalla
> Et l'enbroz a prey vollaz,
> Lyz soley est leva
> Ey chante la nitolla.
>
> Perrot, pren ta poyretaz
> Et alin to do puar;
> Mermet et la Mermetaz
> Vindrant essarmentar.
> Nico et Joan Girar
> Chercheron quarque liauraz
> Per lier et emportar
> Encanet nostraz puouraz.
>
> Apré trentaz dimenge
> Vole voz suvinir
> Que noz arin vendenge.
> Ni faillir d'i venir
> Aporta per cultra
> Pagnies, coppes, selliettes;
> Et per non pa fallir
> Amolla le gogettes.

Jorsina, joz t'avisoz
Vin quan no tirarin,
Et si en ren joz te doisoz
Bin noz acorderin.
Vin t'en, et noz ririn,

Chanterin a plaisansi,
Et quant noz trollierin,
Noz berin a utransi!

20

MYSTÈRE DE SAINT MARTIN ÉVÊQUE DE TOURS
RÔLES DU BADIN ET DU FOU

St. Jean-de-Maurienne, 1565. — Ce *Mystère* a été joué en 1565
à St.-Martin-la-Porte, ensuite d'un voeu que cette localité
avait fait l'année précédente pour se préserver de la peste.
Le texte du miracle est en français; seuls les rôles du Badin
et du Fou sont en patois local. Il a été publié avec une tra-
duction en français des vers patois, par Fl. Truchet, *Histoyre
de la vie du glorieux saint Martin, evesque de Tours en Tou-
raine*, Travaux de la Société d'histoire et d'archéologie de la
Maurienne, 5° vol. (1881), pp. 200-367. Les tirades en patois
se trouvent aux pages 205-206, 215, 229, 280-281, 284 et 307.
Cf., pour la bibliographie, J. Désormaux, *Bibliographie mé-
thodique des parlers de Savoie*, Annecy, 1923, p. 173. Dans le
texte qui suit, j'ai coupé les mots lorsque c'était nécessaire,
et j'ai adopté la ponctuation moderne.

Badin.

Bona dies et bona noez
O fo et u sajoz avoez!
Sey voz presta le oreilliez,
Voz m'orrey conta de merveilliez!

Jey suy venu du fon d'Espagnyz,
Ou j'ez una gran campagnyz,

Pleina de noiratez petitez,
Lequalez porten noez confitez!

Poez, cheminan un po ply lez,
J'ez viu un riu gro come ung lez,
U qua on peschet dey rizollez,
De gro jambon et de laniolez!

Golliard, golliard, voz voz lechie,
Et ja voz voudria demarchie
En alla migie vostron so:
Garda voz, ou voz sarey fo!

Lez pre, y a dey croez chaton,
Arma dey coenna de bacon,
Lo qua, si to qu'on vin u plan,
Voz getton de gro matafan!

Et sey voz n'estia die [
Lo recoqua avoez [
Se voz l'avia cumen un oula,
Y vos entrerian en la gola!

Les fillez ley son bin apreysez,
Tant amyables et tant corteysez
Quey, sen pressa ney sen prie,
Y gliz sey leyson vortollie.

Una filliz quey sara bella,
Quasy voz fara conscienciz
Prendre de voz una cordella,
Encor miu una penitenciz.

Fusset o dinsez en to lua
U gna lez fennes font dey lua
Quey ne vo leysson sens baillie
Rapa dessu luy pollallie!

J'ez un po coeta d'alla beyre;
Jéz pasmoz de la mala sey!

S'a mon parla ne volie creyre,
40   Y ney m'en chault: alla o vey!

Le Fol.

(Avra une pie ou un corbeau en main) Y n'y a gin de celoz lez
Chantan si bin que mon corbez,
Ney pa di si bona mesura!
Je luz prey l'autrier d'aventura,
45   Tout drey delez de celluy riu.
Un plus be jamez je ne viu!
Il est ta — lu diabloz m'emport! —
Quey ne l'aria pas per un fort,
Per ren que sciusia affichie.
50   A Diu! que jez mey vez cuchie!

Le Fol.

Per ma fey, j'ez gran pour que trop
Je n'ausioz vui luz fon du pot:
La testa me dot, et jez cuidoz,
Per luz men, que suy un po migoz!

55   Jez vey soz lez, su lo Encombroz,
Dey cuerde, melon et cocombroz;
Jez vey soz lez una gran vogua
De celloz de la sinagogua!

Lo un en or, lo atroz en lou,
60   Jez fu l'autroz jor avoe lou:
Un heregioz m'a promey charma
Cella quey ne mey vout ama.

Sey la puy aprochie de pré,
La mey fari cory apré
65   Talamen, que se la puy vey
Per un co, m'osteray l'envey!

Y li araz biau si avitta,
Quey son baccon sera frotta;

79

Son con en ara su la testa:
On ne vid jamez tala festa!

Badin.

Messiour, per parla de bon sen,
S'iz vos plet de torna deman,
Chaquion ara una creysen
Que j'az fet buta en levan!

Et arey a vostron gota
Des crozet en pasta et u pan
Quey saron siz bin apresta
Quey n'en porrey perdre la fan!

Vos arey uncor d'aventagioz,
Dey callia et de pan en flour,
Duez ou trey sortes dey fromagioz:
Sey l'un e bon, l'atroz meilliour!

Chasquion ara son pollaton
Rusty dessu son beau tranchiour,
De trey en trey son gra chapon,
Tratteya cumen dey signiour!

Vous berey du vin de la Saulsa,
Un chaquion per due ou trey vey
Si per fortuna y aveit fauta,
Sara voz solet que l'arey!

Badin.

Jez voudry, per mey deporta
A fare aubadez, m'avancie:
Mez j'ez pour ne povey flusta,
Tan quey m'amour voudrit dancie....

Si farey; j'ay si grand envey
De fare chosa a son pleisir,

Quey jez ly farey una vey
L'aubada, devan quey gesir.

Jez voz query a St. Michel
100 Michel Boet, que vindra coran
Sa flusta et taburin tochier
Que revicollet un mouran!

Mez jez liz vuy buta en pachiz
Qui ne seit ren de capitou.
105 Mez la! jez vey lez una vachiz
Quey mey fet tot trembla de pou!

Le Fol.

Et jez vey sen ply arreta
Trova quachion sen per gosta,
Do ou trey dey, mo companion,
110 En estez voz ren, voz, oy, non?
Espey oy, car un visagioz,
Voz n'ey pas mina d'estre sagioz!
Se cioz quey sont siz fo que mey
Mey vouillian baillie un vianey,
115 Jez ney sary pas esbahy
Dey defreyer la compagny
Et poez gliz fare bona chiera,
Encor que la vianda seit chiera!

21

MOQUERIE SAVOYARDE

[Le Meunier, son Fils et l'Ane]

Chambéry, vers 1597. — Apologue mettant en scène le thème
illustré par Poggio et par La Fontaine en particulier, auquel
notre auteur ajoute quelques récits locaux et quelques allu-
sions politiques. Ce texte, imprimé à Chambéry en 1603, a

été publié à plusieurs reprises (cf. J. Désormaux, *Bibliographie méthodique des parlers de Savoie*, Annecy, 1923, pp. 181-182). Je reproduis l'édition, accompagnée d'une introduction sur l'origine du thème et d'une traduction, de J. Orsier, *L'apologue du « Meunier, son Fils et l'Ane »* en patois savoyard et ses origines littéraires, Revue de Savoie, Ire année, t. II (1912), pp. 2-7; je n'y ai introduit que quelques menus changements se rapportant à la ponctuation et à la coupure des mots.

Anchro, papi, ploma, ede mey
Per fichi sou lo blan, lou ney,
Et pintola cello detraqua
Que ne fan ren que se moqua!
Lou fene, que sen de jaquette
Ne serviren que de moquette
Per dere et redere ma
De celo qu'on devrey ama.
Demoura toujour à l'oura:
Per sen vo ne lessery pa
D'etre moqua ou d'on ou d'atro.
Vo arrive t-ey un desastro?
De celo de qui vo vo fia
Drey vo s-en fery desfia.
Creide quo e a gran pedia
De vey lo mondo se deressia:
Gaime, gaime den Chambery
Ne creissy tan de moquery.
Per en fare compareson,
Me souvente d'onna seson
Que Jaque Bo, de Remilly
Meney son ano vendre o marchy;
Et lo chassave devan sey
Avoy son motet Beney.
Quan ou fouren ou dre do platro,
Onna douzaina d'apiniatro
Commenciren à quacotta.
Etey miraclo d'ou accotta!
—« Vei tu on Ano que se porte ben;

L'a migea d'aveyna et de bren,
Tan gra, qu'e ne pou ple peta!
L'on ou l'atro n'y pou-t-i pa monta,
Ou bin lo fio, ou bin lo pare?
Ou vadre bin mio sen fare
Que de marchi de la façon! »
Jaque, accottan cela reison,
Desi à son fio Beney:
— « Motet, he fo que te montey
Dessu l'Ano, tret gentamen:
No n'auron gin de parlemen! »
Ho n'ouren pa fe quatro pa
Apre que Beney fou monta,
Veitia onna troupa de fillette,
De moquouse et de jaquette,
Que, quetien su l'ano coillar
Beney, gra come un peliar,
Desiren: — « Vei tu son motet
Bin gra, bin chat, bin frequet?
Marcheré-t-y pa galliardemen
A pi, et iret gentamen,
Et lessi monta son pare? »
Lo fiou, acoutan celo afare,
Se geti drey de l'Ano ba,
Poi edi à son pare à monta.
Drey que fouren ou premi vilagio,
Veitia un gran comparagio
De gen venan de rigola.
Commenciren drey à parla:
— « Vei tu un vio petar à son ézo,
Et son motet marche en malezo?
Vadré t-ey pa mio que son tendron
Montissé dessu l'Anichon,
Et lo pare lou chasserey
Ou miou ou ma qu'o porey? »
Jaque que tou acotey,
Fi monta Beney derri sey,

Afin d'empechi, so se puisse,
Que gnon de luy ne se moquisse,
Ne de son Ano bin chargia.
70 Ho ne furen pa ou marchia
Que veitia de gen onna troupa
Que guetavon Beney en croupa:
—« Vei vo, se disan t-i l'on l'atro,
Que ne monton t-i l'on aprè l'atro
75 Sen guara de cela façon
Celi pouro Anon sen reson?
Ne n'an t-i gin de regret?
—« Pare, se si tey lo motet,
Notron Ano a icé de paren:
80 Ne senti vo que dion le gen?
Qu'allen no tui dou per terra,
Que gnon ne no fassen la guerra? »
Ho se miren tui dou à ba,
Et l'Ano commenciren à porta,
85 L'on per derry, l'atro per devan.
Sen ne lo servi de ren.
De fene onna groussa troupela
Commenciren à debagola:
—« Comare, ma mia, veide vo,
90 Celay se fa ver chi vo?
Avey vo vio, de coneissance,
Giamè una tala sciance?
An t-y dou to pardu le san?
Porta son Ano come un cor san?
95 Gey bin vio prou de s-afare,
Me giamè ge ne vi sen fare! »
Lo·pare desi à son garçon:
—« Motet, veitia poura seison!
On ne sa comen se conduire
100 Per empechi le gen de rire.
Lo mondo è si bin en goguette
Quo ne fan ren que de moquette,
Et poi qu'on se governe bin drey.

Afin que du tou ge notey
105 Et empechey le gen de rire,
Mon Ano ira à la revire
Avoè onna pira ou cou,
Que li servira de licou. »
Jaque Bo, en cela façon,
110 Perdi son Ano per raison
D'outa ou mondo lo povei
De se moqua de son fio Benei
Ne de ly, come y l-avien fè,
Afin qu'o vequisse en pè.
115 Lo mondo e bin tant immondo
Que, se Di tornave ou mondo,
Ho l-avey quaque broqua,
Ho de quaqu'on sari moqua.
Alla ton drey que vo vodri,
120 Vo ne saria ni empechi,
Ne tuy celo de ver chi vo,
Lo mondo de parla de vo.

*

Veiti ara un pouro amoirou,
Bin facha et bin doleirou:
125 Sera moqua de sa metressa,
Don l-ara encor. gran detressa:
Tanto son colet sera deplicia,
Tanto sa jaqueta engressia.
Per tou e se trouve à redire,
130 A se chose, à se jaretire.

*

Passe t-ey quaque filieta,
Quaque brava jona moteta,
Le sara assetou requeta,
De flan, de drey, de tout cota.
135 L'on dera: — « Sè ge la tenin chi mey,
Ge farin bin ne se pa quey! »
L'un que era amassa son mochu

Que te chey de derri lo cu.
La ple fille de bin rougiret
D'acotta celo moquaret.

*

Lo marchan en lou marchandi
Arimet n'an tant que redi:
Se l'on fa bin se besogne,
L'atro s'en fara la trogne;
Poi, si vo poisen atrapa,
Drey per derri vo seri moqua!

*

Lo soudar, le gen de guerra,
S'ou savin dessu la terra
Quaquon qu'aye etâ secou,
Ho s'en moqueren tou lo sou,
Tanto lo z-Arbanisto
Se moquen dou Genevisto:
— « Guara devan! Recoula vo!
Lessi lo entra ver chi vo:
No lo balieren bin à dîna! »
Lo Genevey poite desen:
— « Ça, ça, ça, alen, alen!
Ho ne sen tuy que de canaille.
Volen t-i megi notre muraillie?
D'atro pan poission t-i creva!
No lo faron bin recoula! »
Et tan qu'en toute le façon
La moquerie è de seison;
Et lo moqu et le moquette
Saron ceti an en goguette.

*

Parlin poi de lo lingagio.
Un Fransey, en son usagio
Se moquera dou Savoyar;
Ho li dèra en touta par:
— « Viens çà, Savoyar, croque-rave,

86

Tu jure Dieu pour une fabve;
Dy après moy « Vive le Roy,
Vive le Roy, Vive le Roy! »
Ma un Savoyar maladrey
175   Ne sa que repondre tout drey;
Per force è fo que quirey
« Vive lo Rey, vive lo Rey! »
Lo z-Espagnour no s-apelen « Vilanos »,
Et desen à tuy « Louterianos ».
180   Lo Etalian, en lou façon,
Chanton bin oun'atra leçon.
Ho desen: — « Questo balorde,
Coyonno, forfanto Savoyarde,
Sonno sempre senza honore,
185   Alla guerra senza valore!
Italiano eccellentissimo,
Al escarmocca sempre gli primo,
Alegramente, alegramen! »
Et poi tan d'atro parlamen
190   Que se fan de jor en jor!
Serey à recommenci toujor,
Qu'é vodrey ho tou raconta:
Et bin conta la vereta,
On machureray touta la papetery
195   Qu'é dan la vela de Chambéry.

*

Don, per evita escandalo,
Fessen come Jaque fi de son Ano:
Talien lo cou à le reson
Que de ren ne no serviron!
200   Ne fessen pa quan Segnor Horacio,
Que s'aly coupa lou caso
Per fare despecto à sa fena.
Desen come la tanta Tinena:
—« Quan lo moqu aran moqua,
205   Et lo moqua seron moqua,
Lo moqua seren en goguette,
Et lo moqu seren en moquette! »

22

LA PLAISANTE PRONOSTIQUATION
FAITE PAR UN ASTROLOGUE DE CHAMBÉRY

Chambéry, 1603. — Protestation contre la déloyale entreprise tentée par le duc de Savoie le 22 décembre 1602. Le texte, écrit en un patois qui n'appartient à aucune région déterminée de la Savoie, a été publié, avec une introduction et une traduction française, par A. Constantin, *La muse savoisienne au XVIIe siècle*, Revue savoisienne, 24e année (1883), pp. 104-106. C'est cette édition que je reproduis, en adoptant une ponctuation moderne, en coupant les mots suivant les exigences du sens. Lorsque, dans deux mots qui se suivent, la dernière consonne du premier sert de liaison, je l'ai adscrite au second, en l'y joignant par un trait d'union. Cf., pour la bibliographie, J. Désormaux, *Bibliographie méthodique des parlers de Savoie*, Annecy, 1923, p. 181.

<blockquote>

Acottey — quara le z-oreillie! —
Ceta vray caculation!
Vo s-entendri le grand merveillie
Que deven arriva ceta seison!
5   De cor et d'ama g'ey cherchia
Touta la gran Astrologia,
Poi recherchi, per bin sçavay
De ceti an mile si cent et tray
Vey de quo flan, de quo couta,
10   La guerra se pourrey aretta.
La Lonna, le z-Eteille, lo Soley
Menassi touta la Savoy,
Per avey prou de malou,
De fascheri et de doulou.
15   Mar, que un di bin afara
Dever no, et lo ple artera;
Et cela deshonesta Venu
No va tousor montran lo cu.
Poi sou que marche a reculon

</blockquote>

No monstre le z-ale de son talon
Per no fechi en deshonnou.
Et sera le novelle dou pescadou.
Ben oudi lo proverbo vechio:
Mala notte, et poco pescio.
Creide que notra poura terra
N'e pa a chevon de la guerra!
Tou ceti an, la Pougenire,
Ho lua de fare sa carire,
L'alave toujor quetan.
Joupiter, que l'alay siequan,
Et poi l'Eteila dou Bovy,
Se recolave en arry,
Apré sou gran rechinon,
Satorna lo regrognon,
La Bella Eteila, en oscourta,
N'avive sa blanche clarta,
Et le z-eteile dou Chariot
Coriven lo grand gualot!
Tan que cela ressie do mitan
Ne no seneife ren bon tan!
Signor, io dice chiaramente:
Averemo molto tribulamente!
La Lonna, en tranta colour,
No presagie prou de malour.
Lo Soloy, tout ceto matin,
Etay rougio quan un Cherubin.
Tout sen, per mey bin cacula,
Ran d'avanci que de recula,
Ge dio et teno entireman:
No faren gran remuaman,
De gran guerre, de gran detrey,
Permy no z-atro prou de derrey.
L'on voudra avey l'honnou,
L'atro ne voudra deshonnou;
L'on vodra ceta citta,
L'atro ne la vodra quita.

Desu ma caculation,
Ge trovo que tray nation
Deven veni yverna
60 En Savoy, per touta ceta anna,
Poi de racla — Di no voley! —
Celo que ne faren le voley.
Et poite apré un gran segnou,
Grand rey, vindra en tout honou,
65 Entra per vile et vilagio,
Per tou ho l'ara le passagio:
Car la Savoy, ma l-abergia,
De toute ley ara changia.
G'ey bin pou que, deley lo mon,
70 Et l'Italia, et le Piemon
Ne n'aye onna bonna hourta,
Et ne seye prou tormenta!
Y a passa deja tray may
Que g'ey sentu tou lo sey
75 Lou poulet se decapita
Et contra coutuma chanta;
Poy, de jor, a grand troupela,
Vo vissia amoncela
Lo cro, lo gey et le jaquete:
80 Apré avey fe lou vortete
Per l'er, et s'estre corrossia,
Vo lo vissia s'entrefichia,
Poi ce battien en ta derrey
Qu'etey miraclo que dou vey!
85 Tou lo sey, sou le maison,
Lo chavan horlon contra raison:
Tou sen ne seneife que malou.
Ha, que no z-aren de doulou!
Lo z-afare son tro barbolia,
90 Lo brasi è bin tan atisia
Quo sera de ma amorta!
La! que ne s'ite t-on contenta
D'un bon acor, san voley

90

Contra Di, reson et lo drey
Debolly onna bonna pé
Que tan de gen de ben avien fé!
Quan lo mondo é a son eso,
On ne demande que maleso!
Valey te pa mio lessi Geneva
Sen ala rompre la treva,
Se fare moqua de chacon,
Tan de Pari que de Lyon?
Orendrey lo Genevisto
N'an gin de pou dou Zarbanisto:
Y lo tenin fermo per tou;
Giamé o n'en verren lo bou.
Ho l-an desja fé lou ny
A la vela de San Geny!
Crei qui seren de ma avey,
Poi lo chaté de l'oulia epey
Quo fodra bin prou decochi
Devant que lo fare derochi.
Valey mé la pé que la guerra:
Chacon devey garda sa terra!
Ha, Chambery, nobla cita,
G'ey bin de quey te guementa!
Te m'a nourry, te m'a ebergia;
G'ey apri l'Astrologia
Ou miten de té muraillie
Fette de pire de taillie.
Fo te, la, que te dessey
Lou ma qu'ariva te dey?
Hou malado, lo medecin
Ne li dey pa dere sa fin,
Mé ou lo dey averty
Afin de son ma converty.
Non, non, Chamberi, ge ne vuy pa dere
Ne to ton ma, ne toute te misere;
Mé devan que d'en party
E fo que je te diso ady.

95
100
105
110
115
120
125
130

Adi Chamberi, nobla cita,
Adi, do borgey la graveta,
Adi, lo noblo senatou,
Adi, avoca et procurou,
135 Adi, segnou et damuisele,
Adi, le fille, le femele,
Adi, don, gran et peti !
Orendray je m'en vo sally.
Adi, metresa, touta derrire:
140 Te devey estre la premire.
Ge t'ey imprima den mon cour,
En tou bin, et en tou honnour.
Perdona mey, je sey tan tormenta
Que je ne sé poy ple ita.
145 E fo que je alo, en que sey,
Me consola en quaque endrey.

23

QUITTANCE DÉLIVRÉE
PAR PERRONET, « CHACIPOL » DE LENT

Lent-en-Dombes, 1271, 9 octobre. – Ed. E. Philipon, in P.Meyer, *Documents linguistiques du Midi de la France*, Paris, 1909, p. 17.

Ge Peronet, chacipouz çay en ariere de Lent, faiz asavoir a toz ceuz qui verrunt cestes presentes letres ne orrunt que ge ay receu . x . lib. vien. de Guichart Ros, cellarer de Chalamont, et . c . sols vien. de Petit lo Clerc, per
5 la vendicion de ma mayson qui siet desoz l'esglisse de Lent; la qual mayson achatet ma tres noble dame H. contesse de Forez et dame de Beujua. De les quaux . xv . lib. desuz dites ge quito ma tres noble dame H. contesse de Forez et dame de Beujua et lye et los sins, a toz tens sen
10 rapellar. En testimon de verité, je ay enpru[n]té lo seel monsegnior Guion, lo chapellan madame la contesse, et lo seel Petit lo Clerc. Ciste letre fu donée lo jor de feste Sant Denis, a Lent, de l'an de Nostron Segnior de mil et cc et lxxj.

24

ENUMÉRATION DES RENTES
ET SERVIS DUS À GUILLAUME VERT,
CURÉ DE MIONNAY

Mionnay, 1275 environ. – Rentier rédigé par deux notaires, dont le premier a écrit les quatre premiers articles, et le second, le reste. Ed. E. Philipon, in P. Meyer, *Documents linguistiques du Midi de la France*, Paris, 1909, pp. 77-79.

Si est le servis del don Guillermo Vert de Meonay.
1. – Primeriment Guillermos Burdins deyt .iiij. copas

de froment a la mesura de Meonay e . ix . deners vienneis
e la tierci partia d'una gallina per la mayson e per la ver-
5 cheri soa asigia de las lo chamin per lo qual on vayt de
Meonay a Salliar. Item, tint . x . bicherays de terra ta-
chables asigays al territorio de Siro e . ij . copes per levago.
Item, . v . bychayrais de terra tachables a la Croys de
Meonay, de las lo chamin per lo qual on vayt de Vimies
10 a Monluel. Item, . ij . copes per levagio, a setein.

2. – Item, Isabel mollier de Martin Guigon de Meonay
deit . iiij . copes de froment a la mesura meyma de Vimies
e la tierci partia d'una gallina per cella meyma vercheri.
Item, . v . bicherays terre tachables a Cruceus de las lo
15 chamin per qual on vayt de Meonay a Rechaneu; e deit
. ij . copes de [froment] per levagio. Item, . vj . bichierays
de terra tachables al territorio de Siro, . ij . copes per le-
vago, a thachi setheyna.

3. – Item, Peronella mollier d'Estieven Burdin say en
20 arriers, deyt . iiij . copes de froment a ycella meyma me-
sura, . ix . deners et la tierci partia d'una gallina per la
mayson e la vercheri soa asega el lueo desus dit.

4. – Item, Beatris, mollier d'Unbert lo dit Clercs, tint
. iiij . bichayrays de terra thachables assegays a la Croys,
25 les quals a en gago de Tieven Burdin. Item, . vj . bicherays
de terra tachables al territorio de Siro, le quals a en gajo
de celui Estieven Burdin. E deit . ij . copes per lo levajo
de la terra de Croceu e does copes per lo levago de la terra
de Siro. E iquetes choses desus dedites sunt a tachi septima.

30 5. – Item, Johannes, filius Stephani, tint . vij . bicherays
de terra tachabla en la Vavra, de las l'estanc de Pelotens,
e un bychiet comblo per lo levagio, e deyt . ij . deners de
serviso per cela meyma terra e tachi decima.

6. – Item, Beneyti, molier de Johan Viton, tint . vj . by-
35 cherays de terra tachabla assiga de las lo champ de la
Vavra e de las l'etanc; e deyt . j . bychiet comblo de levago
et terra tachabla decima.

7. – Item, Peronella, fili de Martin Marion deyt . j . bi-
cheton de froment e . viij . den. vien. per la mayson et la

94

40 vercheiri sua assegia las lo chamin per lo qual om vayt
de Vimies a M[ont]luel, e una gallina.

8. – Item, Etievena li Pereiri deit . j . bychet de froment
e . x . den. per la vercheri soa assigia de las lo chamin del
qual om vayt de Vimies a Montluel.

45 9. – Item, Guillermos Guigos deyt . ij . copes de froment
e la quarta partia d'una gallina per la mayson e la ver-
cheiri sua assegia en la Marcelleri.

10. – Item, Andrios Guigos deyt una copa de froment,
la tierci partia d'una gallina, per la meyma vercheri.

50 11. – Item, Peros Durandi deyt la meyta d'un bichet
de froment per una verchieri assegia de las lo rio de
Meonay.

12. – Item, Guillermos Durans e Johans Durans, fraros,
devont la meta d'un bichiet de froment per la verchieri
55 soa assegia de las la vercheiri Pero Durant. Item, . xij . den.
vienneis per una terra assegia de las lo chamin per lo qual
om vayt de Lion a Vilars.

13. – Item, Johanna Clemenci deyt . xij . deners per la
terra soa assegia en les Desertes.

60 14. – Item, Guillelma, li molier Martin Jordan deyt
. ij . sols per la vercheri soa assegia en la Marcelleri.

15. – Item, Bernars Verneys deyt . vj . bichez de segla
a la mesura de Vimies, per una pieci de terra assigia de
las lo pra de Pelotens. Item . xij . deners per son managio
65 al qual habite, e does galines. Item . viij . deners per lo
cortil posa al dit managio.

16. – Item, Guillermos dels Pins e Johans del Pins e
Clemenci del Pins, fraros, tinont . vj . bycheràys de terra
tachables e un bichiet e dimey del levago per una terra
70 de las lo mans d'Unber Verney; e est tachabla septima.

17. – Item, Johans del Pins deyt . xij . deners, . j . gal-
lina per una pieci de terra assegia de las lo chamin per
lo qual on vayt de Meonay a Montluel.

18. – Item, Guillermos Guigos deyt . v . den. per un
75 prato assegia de las lo chamin per qual om vayt de Vimies
a Montluel.

19. – Item, Mathia, fili Unber Chanavet, .iij. den. per icel meimo pra.

20. – Item, li heretier de Tieven Guigo e Estievena, molier de Guillermo Ferenun et Mathia, fili Chanavet, [deivont] . viij . deners per un pra asegia de las lo pra desus dit.

25

SENTENCE ARBITRALE RENDUE PAR GIRARD DE LA PALU SUR LES DIFFÉRENDS SURVENUS ENTRE LE DAUPHIN DE VIENNOIS ET ISABELLE, DAME DE BEAUJEU.

Saint-André-sur-Suran, 1285, 20 mai. – Profitant des difficultés causées par la mort prématurée de Humbert Ier, dauphin de Viennois, le comte Amé de Savoie émit des prétentions sur le Revermont: ce qui incita Philippe de Moiria, châtelain de Saint-André en Revermont, à piller la petite ville de Lent-en-Dombes, dont les habitants avaient des propriétés sur les terres de Savoie. Ceux-ci, arguant de leur neutralité, protestèrent auprès de leur souveraine, Isabelle de Forez-Beaujeu, qui porta plainte contre le dauphin. On finit par convenir de liquider le différend en faisant appel à deux arbitres et à un surarbitre, Girard de la Palud, seigneur de Varambon. Ed. E. Philipon, in P. Meyer, *Documents linguistiques du Midi de la France*, Paris, 1909, pp. 20-23.

Nos Boes de Mondidier, chavalers, et Arduins de Bannens, donzeuz, dona et mis juge es corz comunauz, de par noble baron mon seignor H. conto d'Albon, dalphin en Vienneis, seignor de la Tor et de Colungne, de une part, et noble dame madame Hysabel, contesse czay en arrere de Foreis et dame de Belgeu, d'autra part, et nos Girerz de la Palu, chavalers, donas et mis per desus per ami comunal de les dites parties, sus les beistes et sus les choses des homes et des borgeis a la dita contessa, les quaux ont pris li chevaler, li escuer et li sirvent de Saint Andrer en Revermont, et mené et retorné et retenu a Saint An-

drer, fayson a savoir a touz ceuz qui verrunt ces letres
que l'an de M.CC.LXXX et cinc, la dyomeine après la
quinzeine de Penthecosta, jor assigné per devant nos, a
15 Saint Andrer, a les genz de la dita contessa, d'une partie,
et dou dit mon seignor le dalphin, d'autre, sus les dites
perdes et sus les diz domages faiz a la dita contesse et
ses homes et a ses borgeis et sus les dites beistes des homes
et borgeis de la dita contesse prises et retenues per lo diz
20 chavalers, escuers et sirjans de Saint Andrer et per les
gens dou dit mon seignor le dalphin, demanderunt les
gens de la dita contesse pluysour beistes, bos, vaches,
runcines, feyes et moutons, chievres et pors a les dites
gens doudit dalphin, lesquauz aviunt pris et retenu li cha-
25 valer, li escuer et li sirganz de Saint Andrer et les genz
doudit mon seignor lo dalphin et retorna et retenu a
Saint Andrer, que eles lor fussant rendues ou retrovés;
les quauz il estiunt appareillié de provar, ensi come il dy-
siunt. Et messire Hugues de Moyrie, chavalers, chastelans
30 de Saint Andrer, dyset de par mon seignour le dalphin et
de par les chavalers, escuers et sirgianz de Saint Andrer
desus diz que les beistes et les boes qui estiunt Martin
Maillet et Guillelmo de Monmor et Perronin del Byoley
et Basturo, los quauz homes li dita contesse tint por ses
35 homes et por ses borgeis, non les deviunt rendre ni esmen-
der, quar il les aviunt guaignié, ensi come il dysiunt, per
us et per droit de guerre, per czo quar il les aviunt pri-
ses en terra de guerre, et que li dit home erunt taillablo
et espleytablo al conto de Savoy, et aviunt maisons a
40 Borc et faysiunt us de guerra et seguavunt sirvenz a Borc
et aviunt charreyé les enginz al conte, et que il aviunt
pris les boes au dit Martin Maillet arant en la terra al conto.
Et les genz a la dita contessa neyerunt que li dit bue non
erunt pris arant en la terre al conto, et que li dit home
45 non firunt us de guerre ne teinrunt sirvenz a Borc, et que
il non erunt taillablo ni espleytablo al conte, mais erunt
borgeis de Lent, demorant et residant a Lent, et home de
la dite contesse, devant que guerre fust; per que il disiunt

que li dit chavaler, escuer et sirvent de Saint Andrer, ne les
50 genz dou dit dalphin, ne poyent per rayson ne deviunt
retenir les dites beistes; et dysiunt les genz a la dite con-
tesse que ce que les genz dou dit dalphin disiunt que il
aviunt pris les dites beistes en terre de guerre ne lor devet
nuyre, quar eles gisiunt chascun seir à Lent, et que il les
55 aviunt prises es pasquers communauz vers Lung Champ,
ou eles aviunt acostuma de partorgier et champeyer touz
tens; et disiunt les genz a la dita contesse que li diz Guil-
lermos de Monmor et Perronins del Byoley aviunt bein
maysons dedenz Borc, mais ce ne lor devet nuyere, quar
60 il ne hi demoravunt, ne faysiunt us de guerre, ne onques
domage ne firunt a monseignor le dalphin ni au siens.
Et li diz chastelans de Saint Andrer diset que il aviunt
deffendu a les genz de la dite contesse que lor beistes ne
metissant ne tenissant en terre de guerre, quar il les hi
65 prendriunt, et que les genz de la dite contesse lor aviunt
comandé que il les preysant, se il trovavunt en terre de
guerre et que il ne les lor querriunt ja. Laquel chose neye-
runt les genz de la dite contesse. Et distrunt mais les genz
de la dite contesse que se ensi esteit que cete chose fu
70 oncques dite, que ele ne fu dite de tel persone qui ahust
poeir de par la dite contesse. Et li diz chastelans, ne li
chavaler, ne li escuer, ne li sirvent de Saint Andrer, ne
les genz dou dit monseignor le dalphin ne distrunt nigune
autre chose contre les autres homes de la dite contesse,
75 les cui beistes il aviunt prises et retenues. Et li diz cha-
stelans demandave, de par les escuers et de par les sirvens
desus diz, cinquanta livres de vienneis d'une partie, et tren-
te livres de vienneis d'autre, a les genz a la dite contesse,
per ostagement de beistes que il aviunt pris czay en arrere
80 des diz homes et des diz borgeis a la dite contesse et retren
et hostagié sus francement; et les genz a la dite contesse,
disiunt que il en aviunt este quite per la cort communal,
et que alcun dou diz sirvenz les en aviunt quité et meismes
Henris de Pavanens, donzeuz, en avet quité madame la
85 dite contesse de par ses sirvenz de Morestel, ensi come il

disiunt. Totes cetes choses dites et alleguées per devant
nos, les dites parties se mistrunt en esguart et en jugement,
et nos, hahu conseil ensemble sur totes ces choses desus
dites, pronuncen et jugen que li dit chavaler, escuer et
90 sirvent de Saint Andrer ne les genz doudit dalphin, non
ant rayson en prendre ni en destenir les beistes ni les cho-
ses des diz homes ne des diz borgeis de la dite contesse
demoranz a Lent, ja seit ce que il les ayent prises es pas-
quers bannes communauz vers Lonc Champ, et jugen que
95 li dit home ne sunt pas de guerre per rayson de ce que il
ont maisons a Borc, et que lesdites beistes des devant
diz borgeis et des autres homes a la dite contesse, contre
les quauz homes li diz chastelans ne li chavaler, ne li escuer
ne li sirguant desus dit, ne les genz de monseignor le dal-
100 phin, ne disiunt ne metiunt avant nule autre rayson ne
ochison, seyunt rendues et esmendées a la dite contesse
et a ses borgeis desus diz et a ses autres homes, et que la
dite contesse et li sien soyen quite del ostagement de les
cinquanta livres et de les trente livres desus dites, ensi
105 come la corz communauz l'a comandé, come ladite con-
tesse ou ses genz farunt saveir per devant nos que la corz
comunauz l'[a com]andé, et que Henris de Pavanens en
ait quité la dite contesse de par ses sirvenz de Morestel.
Et reteneu a nos que, se li diz chastelans, ne li escuer
110 ne li chavaler, ne li sirguant, ne les genz dou dit monsei-
gnor le dalphin desus dites volunt et poent provar per
devant nos que li dit borgeis de la dite contesse facent per
rayson de les dites maysons de Borc us de guerre, ne que
il ayunt charreyé les enginz al conto, ne que il seyunt tail-
115 lablo et espleytablo al conto, ne que li dit bo fussant pris
arant en la terra al dit conto, que en lor vaille ce que ray-
son sera a nostre esguart quant il l'arunt prové. En temoin
de la qual chose, nos li devant diz Girerz de la Palu et
Boes de Mondidier, chavaler, et Arduinz de Banens, don-
120 zeuz, avons mis nostres saeuz en ces presentes letres. Ce
fu fait l'an de Nostre Seignour et le jor desus diz.

26

COMPTES DE TEVENET CARRONIER
ET JEAN SOURD,
SYNDICS DE LA VILLE DE BOURG

Extraits.

Bourg-en-Bresse, 1465-1466. – Ed. E. Philipon, in P. Meyer *Documents linguistiques du Midi de la France*, Paris, 1909, pp. 68-71.

3. C'est le quarnet des contios du Sindiqual de Tevenet Carroner et de Johan Sort, en l'an mil CCCCLXVI.

4. Premierement, on livra et paié ledit Tevenet Carroner et Johan Sort pour leur robes   fl. XXV, gros.

5   5. Plus on livra et payé es massons de la tourt nova derry Sancie, tant per la man dudit Tevenet coment per la man dudit Johan, que monte, estre d'acord avoy lesdis massons   fl. . . . . . .

10. Plus ad paié ledit Tevenet pour reffere les palmes

10 du guichet de la porta de Teynyres a Cathelin de la Cruix, mareschaut, le premer jour d'octobre, que coste fl., gros j.

11. xxv jour de novembre, ad paié ledit Johan Sort a Girard Chaland, manovrer, per una jorna que il a eydia a chargier de grava a Piro de S. Anthonio per metre sus

15 lo pont de l'Ala, monte   fl., gros j, tournois iiij.

12. xxvij jour de novembre, ad paié ledit Johan a Piro de S. Anthonio per una jorna de charreta per menar de grava sur lo pont de l'Ala   fl., gros iiij.

13. xxvij jour de novembre, ad paié ledit Johan a Tiven

20 Galiard et a Pernet Thomas sus lo charrein de la tiella qu'il on amena per cuvrir la tort sus l'etant   . . . . .

16. viiij jour de decembre, ad paié ledit Johan a Martin, lo masson, pour una tachy que ly ballia pour otar lo bos porry qui etoit ou crosser du petit pont, derry S. Anthonio,

25 que monte   gros iiij.

17. ix jour de decembre, ad paié ledit Johan a Pirro Borra, cuvrour, per tachy que ly ad balié per cuvrir la tort nova derry chies Moss^r de la Chambra et per apparellier sus la porta de l'Ala ung carro qui etoit decovert et rompu, monte tout   fl., gros viij.

18. A Piro de la Bochardiry, chappuis, per tachy de reffare lo pont mort de Teynires   . . . . . .

19. Pour apparellier lo terrer de la porta de Bormayer qui etoit rompu, s'en aloit l'eyguy; et y ad mis de verres per gardar de lavar les femmes.

21. Derry jourt d'avril, ad paié ledit Johan a Anthonio Durant, serralieur, habitant de Bourg, per una serraly et dues clés que ad fait en l'armero de l'Opital, en la chambra devant.   . . . . . .

22. v jour de may, ad paié ledit Johan a Glaude Remont chappuis, per apparellier la porta de l'Ala que ne povet pas fermar, que monte   fl., g., [deniers] tourn. iiij.

23. vij jour de may, ad paié ledit Johan a Guillermo Revermont, mareschault, per apparellier una palma en la porta de l'Ala qui etoit rompua; il y ad entra una lb. de fert et des gros clos una partia; costad de la adobar et otar et remettre, monte   fl., g. iij.

24. viiij jour de may, j'ay Johan Sort paié a Johan Vigniard, per . ij . torches qu'il ad ballié pour le vote et procession de S. Sebastian, que peyssont . vij . lb., iiij . onces, a . iij . gros la lib., monte   fl., j, gr. X.

27. Pour ung travon per mettre dessos lo pont leveis de l'ala, quart celluy qui etoit, etoit porry; et l'ay acheta de la femma Anthonio Boysson de Bornua.

29. A Johan Sort, mareschault, demorant en Bormayer, per una barra pressant . xv . lb. que ad mis ou guichet de la porta de Bormayer, et per ung plot et ung ferror que ad mis en la porta de la messoneta de la dicta porta, et per una serraly en la barra de la dicta porta, et per dues croses en la dicta barra; coste tout   fl. j, gros.

31. xxj jourt d'octobre, ad plus paié ledit Johan ou maguelli de Nostre Dame de Bourg que la ville ly doit

per le governement du reloge et per sonnar les Ave Maries
et la Passion, que monte tout   fl. . . . . . .

65   34. A ix jour de janver, ad paié ledit Johan a Glaude
Remont, chappuis et a Piro Borra per un jour et dimy
qu'il on eta a rompre et adobar la meyson de Johan d'Am-
brunay, a la porta de la Verchyry, per fare lo charrein a
la tort nova derry Sancie, enclos . v . quars que ad eü ly
70 chareton qui ad amena lo bos et plates de la porta de l'Ala
et de Bornua, per retenir la dicta meyson; et fut de con-
sentement du Conseil, monte   fl. gros vj, fors vj.

      35. A viij jour de mars a paié Tevenet Carronir a Johan
Verdet, per . iiij . pos de chano, por fere la porta de la po-
75 tella, vers la tort nova derry Sancie, que coste fl., gros iiij.

27

LE CRUEL ASSIÈGEMENT DE LA VILLE DE GAIS

Extraits.

Gex, 1589. — Ce texte, écrit en dialecte gessien (ou peut-être
genevois) a été publié partiellement par Ed. Philipon, in
P. Meyer, *Documents linguistiques du Midi de la France*, Pa-
ris, 1909, pp. 157-160. Le même auteur en a reproduit les
196 premiers vers, avec une introduction historique et une
traduction, dans l'*Abeille de Bugey*, n.^{os} des 7 et 14 septem-
bre 1890. Pour la bibliographie, cf. E. Picot, *Le monologue
dramatique*, Romania, t. XVII (1888), p. 233, et Ed. Philipon,
in P. Meyer, *op. cit., loc. cit.*

          . . . .
          Et per vo commenci tojor
          Lou contenu de tala veria,
          Chascun ostai, ja reteria,
          Gran tan avey, en bon repou,
40 .   Quan ey vegne ne sa quin fou
          Que se me a cria et dire,
          En coran permi la charrire,

102

Day poi l'on quanque a l'atrou **bou**:
« Debou, debou, messiou, debou,
Que celou de Geneva vegnon!
Coiti-vo devan qu'ey vo tegnon.
Ai on ja coriau a Versoy;
On vey tou froumelie de Fransoi
Et de coulovreni quai forrag[e]on.
Coite-vo, messiau, qu'ai anrageon
D'etre ice per en fare atan ».
Adon, no no levin de gran
Per savay que san porrey etre;
Force chandeile a le fenetre
Ne furon lacho debouta.
Loz on coron parmi l'outa
Tot dechau, lous atrou en chemise.
Di nos aida bin que la bize
Ne corai ran, per celi cou;
Que c'ey usse fai frai on pou,
No[s] ussion to prey la toursela,
Et s'ey fusse esta lou jor de la niella,
No fusionz u to enjala.
Adon, on alla appala
Lou capetannou et le gendarme
Dou chaté, per se mettre en arme,
Que ne furon ren endremi
Quen y veron que l'ennemy
No volay iuy dona trosa.
Ay ne coron ran a la borsa,
Commant d'atrou per la sarva,
Mai furon assetou leva
Et poe que chacon bin tremblave,
Lou capetannou lou criave:
« Debou, Debou, souldats, qu'on s'arme!
Prenez vos armes, soldars!
Mortbieu! vous n'irez pas, pendars?
A, de par le diable, qu'on s'arme!
Taborin, sone l'alarme! »

Mais, lassa, ay n'avay qu'on baton,
Qu'ey cherchive ancor a taton,
San que usse gin de chandaila;
Son taborin estai de taila,
Arry affondra d'on de flan,

Et per san menave tan plan
Qu'on ne lou pouvey ren entendre.
Ai-s-an ou que coudaron prendrai
Le cloche per sonna l'effray;
No firon ben tal effrey

Que ge vo prometou, et m'an crede,
Qu'es-en u un que ben vo cognede
Quey s'arma tan coetosamant,
Que avan que chemise n'abeleman,
En sallean dou liey prey ai-s-use,

Ay vete son arney to nu;
Et se en usse ren conu
Tant qu'ay sente qu'ey lou blossive.
De cey, de lay, on s'en corive,
L'on per son fromageou cachi,

L'atrou per son argent cherchi.

. . . .

28

LO GUEMEN D'ON POVRO LABORY DE BREISSY

Extrait.

Bresse, 1614. — Poème en 424 vers composé par Bernardin Uchard, bourgeois de Pont-de-Veyle et seigneur de Monspey, appel en faveur de la paix écrit à l'occasion de la convocation des Etats Généraux de 1614. Ed. E. Philipon, *Un Poète bressan sous Louis XIII. Lo guemen d'un povro labory de Breissy su la pau que l'a de la garra*, Annales de la Société d'Emulation de l'Ain, 23e année (1890), pp. 359-375. Cette édition est suivie, aux pp. 377-386, d'un double glossaire, et d'une brève étude phonétique et morphologique aux pp. 387-398.

Lo poro paisan qu'ere tan marcora
S'i vei veni la pé chomera de plora.
Comen lò beau printem bute to en echique,
210   Ance lo labouri de gran joye frenique
Can i vei per la pé la garra amorta.
Oncor que tot son bin seié casi gatta,
I se rebute encor et san se trop efria,
Tache de reculli son mondo tot depia.
215   I reballie à se fene la chargi du minnago,
L'una pren la buerrire, l'atra fa lo fromago;
L'ion bute lo puer, enze to lo develossay,
L'autra cua la pollali to drei que le clussey,
L'autra de bon matin va epilli se feye
220   Et en le-s-acullian de chanta le s'éseye,
Fuyan per le charrire ou bin en quque treyvo:
« Vò vò volei voli, vò vò volei volei vò ».
Et tandi lo bovi senzei à sa socha
Comence a rezéga sen qu'étet delocha;
225   Il entre den sa buge per so do bue joclia
Et s'i son delaza, il lo sa demeclia;
Ell'antandon so mot, et l'aro et l'ari,
Et assito qu'i suble, y chomon de cori.
I toche lo fromin, y toche lo colon,
230   Tot per faire veni de crotta et de mollon.
I ne pren autro timo per se leva matin
Qu'hui chanta son pollet et jappa son matin;
En fasan lo signablo, y dit su-n-oraison,
Se recommande a Di et tota sa maison.
235   Et puy per essara sen qu'ete chai en viarro
I repren son tràfey et son menu-z-abiarro,
Se butte apre toche et san ple bétanta,
Son cautro den lo viarro y commence a planta,
I sumarde, y betorne, y sellionne sa tarra,
240   Sy drey que vo dira qu'on i a passa la sarra,
I l'arce, i la senne, i refend lò sellion,
Ressene lo pollet, rezégue lo pellion.

Tandi qu'on de so-z-omo s'empin à labora,
L'atro fa de regolle per so pra abera.
245   L'ion rapey su na tronche per la bin émota,
Et pui avoy de riòte son bo va fagotta;
L'autro diden sa vigne s'en va leva le rey,
La sarpa, la bina, affin qu'i vendengey.
Et pui n'i a ren de fei, k'he fa bin songe
250   De quay nury lo bue he liau baille a mange.
He fa prendre son dar, l'ansappla, l'amola,
Et puy ala seye l'arba deden lo pra,
Fena he ratela, la metre en cuchon,
La charge su lo char, l'amena a la maison.
255   L'etouye dan la grangi, l'araizie bin adray,
Per affarra le bete l'hivar, quan he fa fray.
He ne ce fa ren fraindre, fa tougor travaille,
Et de ner et de gor lo boter turtillie,
Et chaquion en su-n-ovra s'eseye d'afana
260   En treyan bin gran paina son beyre et son dina.
Mai lo paisan tot sau fa la laboraison
Et chaquion vau parti avoy sey per meysson.
Lo bon bla qu'i recù, hela! n'e pa per sey;
Lo bon vin de sa vigne n'etanche pa sa sey;
265   E fa qu'i vande tot per paye so manssero,
Qu'i rogeyze son pan bin essui et bin éro,
Ka lo meliau morcé qu'i mengeize en sa via
Son gatter de millet et groffo d'enterquia,
De mattafan de pau et de rave a barbot,
270   Kaque po de baccon que turtillie en son pot,
Que de trò que de brò, y passe la saison,
Et de bin pò de chosa, y nurrai la maison.
Per se dezennoye, el ecute lo son
De cent pitié-z-oyze que dion de chansson.
275   Lo gey et la jaquetta ve sey van marmotta
Et lo rossignollet sa chansson gringotta.
L'oleueta creta, mia du labory,
Per ly faire coneytre qu'a Di fa recory,
Se live devan sey, comence a voletta

106

Dray contre lo selau et menu jargotta:
Le revyre et travire, ly van dire et li di:
« Ty, ty, tira, tira, ty, ty, tira, tira a Di ».
Et tuy lo jol ovray y travaille sen reta;
Me to biau dray que vin kaque bon jor de féta,

285
Lo jono bachelar, avoy liau gallozette,
S'attrincon de fauda et chemise rossette;
Y sont tot emodà et fieron en ébau
Quen l'oyon la muzetta, lo fifro, lo tabau,
Et son en battecor tan qu'i seyan venu

290
U lua que per dancie a eta retenu.
Assito arriva, y chulion liau motteta,
Ly livon lo chapé et ly fan la gambetta,
L'anzeysson per la man et en prenian liau vanlo,
Crion ù menetri qu'i liau tochy bon branllo.

295
I fan trei pa avan et arry se reculon,
On dire que l'abochon ou que l'aberteculon,
Tanto de clochepia, tanto de croppeton;
Y regueyton le bollie drey contre lo tetton.
Et pui quan y son la, per prendre liau repò,

300
So caque abro follia, y dormon a gogo.
On vei don que la pé ammeine tote joye,
U contrero la garra engendre tote noye.

. . . .

29

LA PIEDMONTOIZE

Extrait.

Bresse, 1618. — Poème de 1126 vers, oeuvre de Bernardin Uchard, bourgeois de Pont-de-Veyle et seigneur de Monspey, qui commémore l'expédition française en Piémont en 1617 dans laquelle le maréchal de Lesdiguières défit les troupes espagnoles commandées par le gouverneur de Milan. Le texte a été publié à plusieurs reprises, dans des éditions aujourd'hui introuvables, ainsi que par E. Philipon, *La Piedmontoize en* vers *bressan*, Annales de la Société d'Emulation de l'Ain, 43ᵉ année (1910), pp. 85-112 et 44ᵉ année (1911), pp. 5-18, dont je reproduis ici le texte. Philipon fait suivre son édition, aux pp. 25-32, d'un double glossaire des mots difficiles à comprendre.

. . . .

L'Espaignór en ciau tan que se vullie plantá
Devan la cytá d'Ast, et per forci tentá
S'i la porret avey et en butá defór
520 Ló soudar de Savoy que gardavan lo fór.
Assito qu'i sintit arryvá ciau garri,
U lua de s'approchié, i rebrète en arri.
Du jor u lendeman, lo viquiat averti,
Qu'é vignet de secor u contréro parti.
525 « Bon, bon, » fit-i adon, « soudar, preni corajo,
Chaquion se tigne pré avoy sün équipajo,
Et du cu et de téta, é lo fa assailli,
Nó lóz amporteran, se Di plé, sans failli;
Ey é a cesti cau, bravo soudar de Franci,
530 Qu'é fa que nó montran tertuy notra vaillanci.
Çá don sergen major, dressié lo bataillon,
E fa que l'ennemi seye mey en taillon;
Et voz atro sergen que portá d'allebarde,
Cori decey, deley, et féte bune garde,
535 Se y at quaque soudar que poyrau se recule,
Baillé gli na frettá tan qu'i n'abertecule,
Et gnon ne décochey arquebu ne musquet,
Qu'i n'oye tot premi de mey lot mot du guet.
Ore je vey dressié notra cavalleri,
540 Que marchera devan, et vô viendrey derri ».
Il arrangit sé gen adon de tala sorta
Qu'i se pouvan baillé gl'ion l'atro bün' escorta,
Et fa marché devan, per sóz avancori,
Ló soudar qu'i cognut ló pléz avanturi,
545 Que s'an van décruvi l'ennemi que vignet,
Tot drey san marchandá, i ló van charpignet.
L'ennemi se défan et fa de tàz éfôr

Que lôz avancori n'étan pa lô plé fòr.
Monsu lo Marichá adon crie qu'on charge,
550 Et chaquion quant et quan sur l'ennemi décharge
Sey mémo tot armá, hardi ne manquit poin
De cori u secor, lo pistolet u poin.
I se gitte a travar du fua, de la fumiri,
Porte son pistolet drey contre la tétiri
555 D'on de cé gran Flandrin que levave la créta;
I lo butit a bá, et puy san fare réta,
La man u cutelar, i fier d'estoc, de tailli,
É n'i a morillon, é gn'i a cotta de mailli,
Qu'i ne fendeyse tot avoy son cutelas,
560 Qu'étet forgia tot pur d'ün aci de Damas;
Et ta qu'étet arma tot lo du lon du cór,
Ne pouvet s'empaché de recevey la mór;
Sito qu'i ressintet la man de la Deguiri,
Il étet pagnolliat d'una terbla maniri.
565 I fier dru et menu, tan de cau, tan de quille.
Viquia de la fasson qu'i lô flate et jaquille.
Et lo conto de Sau, d'acotá son gran pare,
Vô menave lé man et Canaple, son frare,
Fretavan l'ennemi a tôr et a travar,
570 Tuy cé que l'apondan, i chesan a l'envar.
Cé dé jono firon adon cogneytre,
Qu'on jor per gliau valau i se faran pareytre.
Mé que ne fit-o pa iqui monsu de Termo ?
Tuy cé qu'il apondit, gliau vya fut a termo,
575 A ta i baille on cau si gran dans la vessi,
Qu'i lo ren étendu reydo mór et transsi.
Il ut tala vertu ciau jor dedan sé man,
Que cé qu'il an tochit n'euront puy jamé fan.
Vanterol et lo Blan se trouvon u rencontro,
580 Et cé qu'i touchavan, recevan mal encontro.
Tot drey que dessu au gliau-z-épeya plouvet,
I chesan désandé a gormo bechevet.
Et fu tot l'ennemi si bin frettá adon,
Que ne s'an sauvit pa tan que la couva d'on.

. . . .

SUISSE ROMANDE

30

LETTRE D'ACCENSEMENT

Neuchâtel, 1265, janvier. – Accensement d'un tènement à Coffrane. Ed. G.-A. Matile, *Monuments de l'histoire de Neuchâtel*, [t. I], Neuchâtel, 1844, pp. 128-129. Revu sur l'original, aux Archives de l'Etat de Neuchâtel, n.º C 7, n.º 11.

Sachant tuit cil qui veront ces presentes lestres que je Girar fiz Aubertin dit de la Tort, donzez de Nufchastel, hai dona ha Martin, fiz Donnier, borges de Nufchastel, a lou et a ces hert, a cens port dozez diniers de la monee
5 de estevenens, tot lou tinement lou quel dons Roz de Corfrarnou tiniert de Aubertin mon parre, in terra, in praz, in chans, in chesauz, in arbres et in autres choses, et covent li hai per ma foi donae estre bons werenz de cesta chosa devanz dit a encontres toz, lou et hai ces hert. De
10 cesta chosa sont tesmoniages Renauz de Bavenz, Hyremanz dit de Fressen, W. li marchianz et Girardons; et a la plus grant certainitay de cesta chosa, je devanz dit Girar hay dona cest lestres sielaes dou siel a religious baron et honestou abes de Fontanna Andrer. Ce fu fet en
15 l'an de l'encarnation Nostre Seignor que li milliares coret per mil et CCº et sexante et quatrou, ou meis de juanier.

31

VENTE D'UNE PARTIE DE FIEF

Neuchâtel, 1268, novembre. – Jean Cuchi et Pierre Cuchar vendent à Humbert au Morel la moitié de leur grand fief de Vilard. Ed. G.-A. Matile, *Monuments de l'histoire de Neuchâtel*, [t. I], Neuchâtel, 1844, pp. 142-143. Revu sur l'original aux Archives de l'Etat de Neuchâtel, n.º Z 9, n.º 29.

110

Sachent tuit cil qui horrunt et verrunt cestes presentes letres que je Jhanz, dit Cuchi, dou Vilar, et je Perres, dit Cuchar, de la devan dit vila, per lo lo et per lo consentiment de nostres femes Luzun et Sibilliun et de toz nos-
5 tres hers, Clinnincier et Perrunier et Nicholeta, aven vendu et dena a bin et a fey la meitié dou grant fe que nos scay en arrier avin tenu ou Vilar de la maisun de Fontanandré, por sesanta souz de buns vianneis, Humber ou Morel dou Vilar et a ses hers por tojormays, sau lo dreit et la rasun
10 a l'abba et ou covent de Fontanandré; et de cesta chosa nos devant dit Jahant et Pierros et nuistri heir prometten et avein promis que nos leaul weirent estren ou devant dit Humber ou Morel et a ses heirs encuntres toz, et de cesta devant dit terra et fé n'en ert jamais pledeiz ne ra-
15 palaz, ne por nos, ne por nostros heirs, li Morez ne si heir. Et de totes les dittes coveinences sont temoin Girar et Rouz de Mareins et Pierres li coquerez et Emunier d'Arins; et por sce que su soit plus certanna et ferma chosa, nos devant dit Jahanz et Pirres aven dena ceste lettres selaes
20 do sel au religious barun et honesto abé de Fontan André. Ce fu fait en l'ant de encarnation Nostre Senniour que li miliares coret per mil et CC° et LXViij° anz, ou meys de novenbro.

32

FERME DE LA MONNAIE DE GENÈVE

Genève, 1300, 11 août – Edité par E. Rivoire et V. van Berchem, *Les sources du droit du canton de Genève*, t. I, Arau, 1927, pp. 88-89.

La condicion de la monea de Geneva, en la quel ele se doit batre, est tele. Ce est a savoir que nos li eveques de Geneva, per nos e per nostres successors, dou conseil de nostre chapitre de Geneva e de nostre borgeis, donons
5 e outroions a Benjamin Thomas, lombar, de Ast, e a ses compagnions les quez il voudroit metre en ceste letre,

111

nostre monee de Geneva a faire e a batre vj an per entier,
li quez se deivont comancier a feste Toz Senz prochayn,
ou ancors se plus tost la poiont comancier a batre; ce
10 est a savoir a iiij d. e melli de ley, d'argent de Monpeller,
e a xviij soz e iiij d. de blanchi de peis, le march de Tires,
en tel condicion que se li mars de xviij soz e iiij d. estoit
talliez a iij d. trop fors, que autretant quan en seroit fait
de ceax fors puissont faire e retorner de foibles, e se
15 des foibles estoit fait de iij d. le march, que autretant
deussont faire de fors. Après nos volons e outroions que
se la dite monea estoit faite e batue a mais ij grans ou a
mains de ley, que tant quant en seroit fait a mais, que
l'un en puit faire a tant mains autre foiz, ensi quant il
20 est acustumé es autres monees. Après lour donons e ou-
troions e lour prometons en bone foi de tenir totes les
franchises e les custumes les quez sont acustumees de
tenir e de doner ax maitres e ax moneors de monees. Après
lour prometons prester aut comancemant de la monea
25 ij m. livres de la monea de Geneveis qui cort orendroit
a Geneva, par l'espace de j ant, e passé le dit ant, il nos
deivont paier celes ij m. livres, ce est a savoir gros tor-
neis de peis trezein d. Après lour prometons de mantenir
la dite monea vj anz per entier en tel manere que quant
30 nos li devandiz eveques doit prendre iiij d. per march, e
plus a nostre volunté, nos es diz moneors faczans grace
tel que des diz iiij d. nos lour laissons iij d. per march
les ij primiers anz, e per les autres iiij anz enseguenz ij d.
per march. E ceste grace nos lour faczons per meliore-
35 mant de la monea. Après lour prometons doner e faire
doner cors a la dite monea a nostre pooir, per nos e per
les barons dou pays, en toz les lués ou la monea de Ge-
neveis est acustumee de corre en l'eveschié de Geneva.
E se ce estoit que nos ce ne feissans, nos lour prometons
40 en bone foi rendre e restourir toz les damages, les quez
il sostiendroiont per cele ochison. Après lour outroions
qu'il puissont de xxx mars faire j march de mellies Gene-
veises dou peis e de la ley que mellies deivont estre selonc

112

la valour des deniers qu'il feront e que mellies sont acustu-
45 mees de valoir es autres monees, ce est a savoir v mellies
a la valour de ij d. – E totes cetes choses devandites, je li
devandiz Benjamins Thomas prometu en bone foi, per
moi e per mes compagnions, atandre, faire e garder a
mon pooir, e ce je outroie e consentu, e que je ne venray
50 en contres. En tegmoyen de la quel chose je hay ballié
aut dit mon segniour l'esveque cest escrip seellé de mon
sael pendant. Doné a Geneva le dijous après feste sein
Lorent, en l'ant de nostre Segniour corant mil e trois cenz.

33

ORDONNANCE CONCERNANT LES CITATIONS EN JUSTICE FAITES PAR DES ECCLÉSIASTIQUES

Fribourg, 1319 août. – Ordonnance interdisant aux ecclésias-
tiques de citer des ressortissants de Fribourg, pour des causes
civiles, ailleurs que devant la justice de Fribourg. Texte édité
dans le *Recueil diplomatique du canton de Fribourg*, vol. II,
Fribourg, 1840, pp. 68-70, et revu sur l'original conservé aux
Archives de l'Etat de Fribourg, Affaires ecclésiastiques, n.º 2.

Nos li avoye, li consetz, li cent elliez et tote li comunitaz
de Fribor, facein savoir a toz que nos, consideranz et re-
gardanz lo profit et l'onour de nos et de nostre vile, avein
acorda et ordina et estrabli, por nos et por les nostre fer-
5 memant gardar et tenir, en tant qu'il per nos soit comu-
naument revoca, les conditions et les choses ci escrites,
en la forma et en la maneire qui s'ensoit. C'est asavoir
que se aucuns encuraz ou vicaires, residenz ou pertinenz
en la segnory et en la jerudicion de nos est de nostre vile,
10 citave aucun de nos ou de nostres residenz en nostre des-
treit autre part que per devanz nostre justise, c'est asavoyr
de fey, ou de alou, ou de promission de det, ou de autres
contrayt, qui a nos apertienent, deyz quanz nos avein
usa per devanz nos, cil qui seroit citaz doit venir ensenble

15 nostre avoye ver l'avoye de l'iglesi dou citour, se il est
nostres borgois ou de nostre juridicion, et requirir lo dit
avoye de l'egleisi que il volle enformar lo cityour que il
de la dicte citation cessoit, et prende rayson et mesure
per devanz nostre avoye, se il plait, la que chose se il ne
20 fasoit, li avoye de l'igleisi s'il wet doit doner et delivrer ou
cita tant deys bins dou cityour que li citaz soit degravez
de ses missions por cel fayt; et se li diz avoye de l'igleisi
ses bins delivrar ne li voloit ensi com desus est diz, il doit
abandonar ou citaz lo cityour et ses bins ne dicent en avanz
25 por celuy cas ou cityour ne doyt doner foi ne consel n'en
dit ne en nulle autre maneire. Et se li avoyez de l'egleisi
dou cityour n'estoit de nostre vile ou de nostre juridicion,
li citaz doit venir ensenble nostre avoye ver lo citiour,
et requirir lo ensi com desus est dit, que il cessoit de l'ajor-
30 nement et prengne de luy mesure et rayson en nostre
justisse, la que chose s'il ne façoit et li citaz per aventure
de cen en avanz prengneit deys bins ou cityour pertignent
eys ygleises desus dites, nos avein ordina que nyons
deys nostres por cel fait et por cel cas lo cita ne ses
35 aydiours ne doit turbar ne inquietar, ne ou cityour
ne a ses bins denar foy ne conseil en fait ne en parole ensi
com desus est dit. Et se contre cez choses aucons de nos
ou de nostres faseoit adonc a la requesta dou cita nostres
avoyez en doit enquirir per devanz quatre de nostre con-
40 seil per des homenz creables et layau nostres ditz Avoyez
dira per son serement que l'ara enquis per tant com il doit,
cil est condempnaz enver nos en quaranta livres de lo-
sanneys a payer un moys apres l'enquesta et doit estre
un ant continuaul furs de Fribor et deys termenos, se il
45 est enquis dou fait et se il est enquis dou dit il est con-
dempnaz en sessanta soz de losanneys a payer lo moys
apres et estre furs de nostre vila et deys termeynos un
moys. Et se aucons lo dit cita ou ses aydiours enprengnent
ou tingnet les bins dou cityour, turbave ou sorecoroit,
50 nos prometein lo dit cita a sa requesta gardar de force
en bona foy en cen que li citaz ne se aydiours ne li bins

qu'il prendrant ne devent retornar ne recetar en nostre
vile durant lo riot saul que per la licency de l'avoye et
dou conseil desus dit. Apres cum nos ayen ordina et outreye
55 cay en areres entre nos acordablement que nyons de nos
ne deys nostres ne prengnye lour bins per achet, per gagiery,
per garda ne per autre manere, nos volein et outreen que
quaconques obligations ou alienacions per les diz encuraz
ou vicayros a aucuns de nos fayte cay en areires ou qui
60 ancor se faroit ne valle ne ait force saul que en tant que
li plus grant pertie de nostre conseil acorderoit qui en la
justice seront. Ou temoyen et en la force de totes les cho-
ses devanz dites, nos li avoyez, li conseil, li cent ellie et
li comunita devant dit, nostro cel de la dicte comunita
65 avons mis en cist escrit. Fayt et dona l'ant de l'Encarna-
tion de nostro Segnyour corent mil tres cent et deyx et no,
ou moys de host.

34

ORDONNANCE RELATIVE AUX BOULANGERS

Fribourg, 1370. – Edité dans le *Recueil diplomatique du can-
ton de Fribourg*, vol. IV, Fribourg, 1844, pp. 77-78, et revu
sur l'original conservé aux Archives de l'Etat de Fribourg,
Ire Collection des Lois, n.º 44, f.º 14.

Item hont ordoney li advoye, li consed et li ij^c, que en
chesque for de Fribor soyt li moistre et un bacheleir
et ij. garzons por porteir l'aygue et les meiz in ce que un
dont por chasque coppa de farina . iiij . d. por tottes choses
5 et chascon reculle sa farina einsy quant a luy playrra de
que chasque forna doyt contenir vij. coppes, li que forna
se amonte ij. s. iiij d. a vij. coppes de farina. Les quez
ij. s. iiij. d. li moistre doyt prendre et porveir les garzons
por porteir l'aygue et les meiz et ce que besoin sira, et se
10 per aventure nyon volist faire impastar, lo forneir se li
fayst tant qu'il voluntier impasteit et per tant il ne dey-
vont prendre ne farina ne pastha. Item deyvont li forneir

misurar tres bichet rasclaz per una coppa ou se deyvont
tenir a la leaute de celluy ou cellye cui li farina est; et
15 se per aventure apres la mesure dou forneir nyon mist
plius de farina, que de cel fayt li forneir se tiegnye ou
seremant de celluy qui sala farina y mettreyt, en ce que
lu plius de la farina que un y mettreit que un payet ou
forneir, et se li forna contignyst plius que vij. coppes, que
20 cel plius li moistres et li garzon parsent intre lour, cha-
scon a son affirent. Item est ordoney que se li moistres
forneir ne volissant forneyer por lu pris dessus dit, il est
por c. s. laus., et de un ant il ne doyt forneyer, et se per
aventure li moistres ne pousant troveir garzon quil li vo-
25 list aydier, et nyon garzon refusast de prendre dou moistre
de la forna deis vij. coppes iiij d., que cil garzon qui ce
refusereyt soyt un ant furs de nostra vila et los termes,
et apres l'ant einces que cil garzon intreit in la vile et les
termeynos il doyt payer a la vile xx. s. laus. Donei lo ven-
30 redi devent feste saint George, anno LXX.

Item, hont ajostei que li burgermeister doyt segre cestes
choses.

Item hont ajostei que li quez forneir qui retindroyt la
farina de persone qui soyt, qu'il est chascone foys por
35 . x . s. los.; et li persone qui layseroyt la farina, soyt vaulet
ou donzala ou autre persone, il est por v. s. laus; ou se
cilly persona non incusast lu forneir qui la dite farina
retindroyt, a segre per lu burgermeister in quele maniere
quil ly vient a notesce.

35

ORDONNANCE
CONCERNANT LA FABRICATION DES DRAPS

Fribourg, 1372. — Publié dans le *Recueil diplomatique du can-
ton de Fribourg*, vol. IV, Fribourg, 1844, pp. 86-88, et revu
sur l'original conservé aux Archives de l'Etat de Fribourg,
Ire Collection des Lois, n.° 67, f.° 18.

Nos li advoye, li consed e la comunitei de Fribor faczons savoir a totz que nos avons ordoney les choses et les articlos ce apres escript por lu cummunaul profyet dou drapalamant de Fribor et per cummunaul accort. Prumierement que nulle persone, soyt feme ou homent, de quel estat qu'il soyt, ne vende, ne achiteit, ne pregnye in gage lana ovraye ne filar resconduemant, masque devant la chapala, et qu'il se pesoyt ou peis de la vila. Et li quez qui firoyt lu contraire ou cil qui lu pregdroyt ou mectreyt in gage est chascone foys por xx. s. los., seins marcy. Et ausy cilly lana ou filar se doyt mectre eis mains de cellour qui sus ce estrent ordoney, affin que ale se rende a celluy qui l'avroyt perdu. Et se nyon ne la requirist, se se perse cumme l'autre bantz.

En apres avons ordoney que se nulle persone, soyt feme ou home, ehust imbla lana ovraye ou non ovraye ou filar, que cilly persone soyt condampnee por LX. s. los., et soyt intenuz de rendre l'embleys. Et s'il per aventure non ehust puissance de payer les LX. s. ou de rendre l'embleys, cil doyt jureir furs de la vile et les termeynos de la vile, et ne doyt jamays retorneir tanque il apporteyt avec luy les LX. s. los. et avra rendu l'embleys.

En apres avons ordoney que nulle persone quele que cilly soyt ne tense ne ne fayst tendre cheyna blanchi urdia ne filar blan ne in ros ne in noir, maisque in lana por symos, et li quez qui firoyt lu contraire est chascone foys por LX. s. los.

En apres avons ordoney que nyon tissot ne nulle tissotte ne thiesse drap qui soyt urdiz dessuz .ix. luyres, et ausy que tottes les luyres soyent pleynes seins awayt. Et li quez qui firoyt lu contraire est chascone foys por xx. s. los.

En apres avons ordoney que nyon quel que cil soyt ne trameyt lana sus ouvra ne sus estoppes, et que ausy nyon non ovreyt de pelotz de fola; et li quez qui firoyt lu contraire est chascone foys por LX. s. los. ou lu drap perdu.

En apres avons ordoney que nyon ne facze drap dix

117

.xij. aunes in avaul a plius de tres trammes, ou qui fust
de mala fame. Et se tant estoyt qu'il se trovast cil qui
40 sont sus ce ordoney pount destinir et barreir cel drap
tanque atant qu'il se trovast la veritei. Et se li drap est
fayt maul dehuemant, ly drap doyt estre perdu.

En apres avons ordoney que se nyon refuse de intreir
in son hostel por misureir son ursiour a cellour qui sus
45 ce siront ordoney, cil est chascone foys por . xx . s. los.
Et li que tissot qui vieroyt ausy a cellour qui sus ce siront
ordone de intreir in son hostel por veir la cheina qu'il
tiestroyt, est chascone foys por . xx . s. los.

En apres avons ordoney que cis articlos ne deviant pas
50 les puenz de la chartre que chascon awec cis banz ne soyt
condampneiz et puniz selon ce qu'il avra deservi.

En apres avons ordoney por segre cestes choses tottes
que nos eslisiens chascon ant . vj . persones ydonees, c'est
asavoir en l'Ogi un drappaleir et un tissot, et dos ou Bor,
55 un drappaleir et un tissot, et dos eis Hospitaul, un drap-
paleir et j. tissot. Et cil vj. deyvont jureir per devant nos
que per lour seremant il segront cestes choses bien et leaul-
mant. Et ce il ne layseront por amour, por timour, por
ayna ne por dons que un lour donast. Et tot quant qu'il
60 troveront de maul fayt, li ditz . vj . ou li plius grant partie
de lour de cel maulfayt il deyvont venir per devant lu
Burgermeister. Et quant il cel maulfayt tesmognyeront
ou Burgermeister per devant dos dou consed per lour
seremant, adont li fayt est proveiz, et li Burgermeister
65 doyt cent segre per tel maniere que deis banz li vila ayt
lu tier, li Burgermeister lu tier et li autre . vj . l'autre
tier por ce qu'il soyent plius diligenz.

En apres avons ordoney que ceste letre un doyt lierre
chascon ant la dymoingne apres la S. Johant per devant
70 nos l'advoye, le consed, les LX. et les . ij .c, en mettent
les vj. meistres dessus dit.

En apres avons ordone que chascon ant, quant li vj. meis-
tres siront esliet, il deyvont aleir ver les tissot, ver les
drappaleirs et ver les foliours, et chascon lour doyt pro-

118

75 mettre per son scremant ce qu'il se troveroyt de maulfayt.

In tesmognyage de la que chose, nos li advoye, li consed et la comunitei de Fribor avons mis nostron seel in ceste presante lettre. Donei la dymoinge apres la S. Gaul en l'an de grace corant Mil CCC^o.LXXij.

36

COMPTES DU MONASTÈRE D'HAUTERIVE POUR 1411-1412

Extraits.

Fribourg, 1411-1412. – Texte inédit dont l'original se trouve aux Archives de l'Etat de Fribourg, Comptes d'Hauterive 1411-1412.

Cy apres sont contenues les delivrances faites per ledit Yacob d'Englisperg ou nom et a l'ay que dessus, dix lo premier jour dou moys d'ogst l'an corant mil . IIII^c. et XI. jusquez ou V^{le} jour dou moys de julliet l'an corant mil IIII^c . XII.

Messions pour despens deis ovreirs et pour autres choses.

5 Premier a Johan d'Avrye pour les despens dou digna dou compte precedent, lo quel fuz fait le XIme jours dou moys de juing per la main dou burgermeister   LV s. VI d.

Item ou cler qui escresit lo compte, pour son loyer et pour papey   XLIIII. s.

10 Item a Uelly ly garczon pour choses qu'il achitat a Richard de l'Essers quant il estoit maladoz   XII d.

Item a Johan d'Avrye pour despens que Richard de l'Essers fit in sa maison quant il giseit maladoz   XXX s.

Item a la fema Gruyeri pour menar Richard de l'Essers 15 in Autariva quant il fuz trapassa   III s.

Item a IIII. manovrey qui vannaront lo blaz dou greneir per II. jour, pour lour loye et pour lour despens XV s. VI d.

Item a V. manovreir qui portaront lo blaz ou solouz per I jour   IX s. I d.

20 Item a II manovreir qui portaront lo fromen qui estoit
ou greneir in la grant chambra   IIII s.

Item a ung garczon qui porta una letra a Citey apart
monsy l'abbes   IIII l. VIII s.

Item a celluy mesme por son loye et pour ses des-
25 pens   XXXVI s.

Item a III chers qui menaront deis encello a Auta-
riva   XII d.

Item pour lampes por la claystre   IIII s.

. . . .

30 Item a Gruob ly cosandeir por faire deis chasibles, aubes
et draps pour curvy les outar, et pour melliora autre chose,
per lo commant de monsy l'abbes   XLVII s. III d.

Item a Ruty por ses despens que nos fimes quant nos
gajames celours de Lovens   X s. IIII d.

35 A Girard Maulfert por la saul qu'il amenaz de Salin.
Premier por l'ordinance qu'il hont fait a Salin   XII s.
Item j. fromage   II s. VI d.
Item por la gabela   XIX d.
Item por son loye de amenar V. charges de saul XLV s.
40 Item por una benesta de saul qu'estoit suma   V s.
Item a Huguet Pontou por les vendes   V s.
Item por fromage quant les clers chavouchiront in Au-
tariva   VII s. III d.

Item por XXX pot de vin que hont byust oudit jor XX s.
45 Item por moudre III coppes de fromen   VI d.
Item por cuyre lo pain   XII d.
Item a monsy l'albes por recuilly lo blaz et l'avenna
a Escuvilliens et a Possiouz   III s.

Item a domp priour d'Autariva pour les despens que
50 firent II Jacopin   II s.

Item a domp Johan Rey por les despens que fit lo priour
de la chartrossa in Autariva   II s.

Item a Uelly de la Confrary por porta una letra de con-
tremant a Romont et por la letra   III s.

55 Item a ung garczon qui porta una letra a Romont pour
contremanda la dicte jorna   II s. VI d.

. . . .

Mission por fenaz in Autariva.

Premier ou Moenat et a Henry Charvie por fenaz XXIIII s.

Item a domp Johan Rey por fenaz et por seye lo picty
60 jordy   XII s·

Item a Henry Charvie por clore les pras et les jordy
d'Autariva, et pour menar lo femey por l'an XI XXX s.

Item a ung manovreir qui ha necteye les jordis et les
pras   IIII s.

65 Item a III compagnions qui hont fenaz et seye lo pra
de la porta, lo grant jordy et lo picty jordy, in tache LXX s.

Missions et delivrances pour les montagnyes.

Premier a domp Johan Rey pour fenaz lo pra de l'Essers
per parczalles   XXII l. IIII d.

70 Item oudit domp Johan quant il alat sus la montagny
pour partir lo fruit   V s.

. . . .

Item a Humbert Gaysi por ameneir II dozannes de
vacherin   II s. VI d.

Item hay delivreir a ung home de Charmeis ou quel
75 Richard de l'Essers devoit paieiz   V s. VI d.

, ...

Item oudit Reymont por recruvy lo teit de la mon-
tagny   III s.

Item oudit Reymont quant il menat les bestes dex
Autariva in l'Essers pour despens   V s.

80 Item a Contessa pour una centuyra   XII d.

Item pour lin deis vaches   IIII s. VI d.

Item pour amenar j richon de burroz de la mon-
tagny   XII d.

Item pour mil gerbes de pallye d'avena et de fro-
85 men   VII l. V s.

Item pour fein pour les vaches d'Autariva   LII s.

Item ha tramis a Remon in l'Essers III benestes de saul
costent   XXIIII s.

Item ou garczon qui garde les vel, por une payre de
90 sular   II s.

Item a Remont pour son covent VIII l.

Item a Contessa pour una roba et por ung curt mantel achita de Cuono de Costel XXIII s. VIII d.

Item a Keser cosandeir pour la faczon de la roba et dou
95 mantel et pour j aulna de tela VI s. II d.

Item a Mermet Bugnyet por III dozannes et dimie de cuaud XII s. IX d.

Item a Schurbran por III coppes de cruchyt por les vels III s. VI d.

100 Item por la sarralie dou greneir de la montagnye XVI d.

Item a Jaquet Curtat por cingles por les chevaulx de la montagnye XIIII d.

Item a Reymont, les quels il havoit prestey sus la mon-
tagnye a la claystre XXV s.

. . . .

105 *Messions et delivrances pour les vignyes de l'an passey.*

Premier ou mougneir de Puedod por la derrere fosse-
resson et folliesson XII l. II s.

Item a Johan de Vibroye per son covent VIII l.

Item a Gribet quant il ala eis Favarges regardey quant
110 il seroit temps de venengie, por despens III s.

Item a domp priour et a domp Johan Rey quant il ala-
ront eis Favarges por vennengie IIII l. IIII s.

Item por dimie baccon que hont menjat eis Fa-
varges . VIII s.

115 Item por chandeles por venengie III s. III d.

Item a Thomy de Elswile quant il alat eis Favarges por
misuraz les bosses quant ung en amenaz lo vin, por son
loye et pour ses depens IX s.

Item ou favre de Sainteforin pour faire et pour melliorer
120 piches et fossiou LXIII s. I d.

Item a domp priour quant il alat in la Vaud et Gribet
awec luy pour querela una vignye, por despens IX s.

Item a monsy l'albes quant il alat a Lausanne vert lo
balif pour lo fait de la dicte vignye et auxi eis Favarges
125 pour despens et pour lo loye d'on chevaulx XXVI s.

122

Item a Brayt pour una sarralie que Nicolaus Velga ly
havit fait affaire, que hont portat eis Favarges   II s.

Messions pour faire les vignyes dix l'an nou enczay.

Premier a delivreir ou mongneir de Puedod por dey
130 passey et autre chose   IIII l.

Item oudit mongneir pour puard et por provagnye   X s.

Item oudit mongneir pour fein et pour palliez pour les
bestes deis Favarges   IIII l.

Item oudit mongneir per la main de son fis pour fossera
135 les vignyes   VI l.

Item mays oudit mongneir por fossera les vignyes   VI l.

Item mays oudit mongneir pour fossera les vignyes la
secunde fosseresson   VI l.

Item mais oudit mongneir por folliesson   VI l.

140   Item mais oudit mongneir por follie les vignyes, por la
main de son fils   C s.

Item mays oudit mongneir por la derery fosseresson et
folliesson   X l. VI s.

Item ha delivreir ou relierre de Sainteforin por relie les
145 bosses sus bon compte   XXII s.

Item quant je alay eis Favarges awec monsy l'albes
regardeir les vignyes, pour despens   VIII s.

Item ha delivreir a Johan de Vibroye sus bon compte
de l'an a venir   XL s.

150 *Missions pour maysonaz et achet de marrin, d'encello et de
clavin.*

Premier pour XIIII. millie de clavin   XLII s.

Item j millie et dimie d'encello pour mellioreir l'osteil
deis moenos   VII s. j d.

155   Item a Aubert Chappuis por XXII jornaes pour curvy
lo teit dou grant peloz d'Autariva   XLIIII s.

Item a ung garczon qui portat les encello sus lo
teit   III s. VI d.

Item a Pierro Freneir por la ferriry de una clochy qu'il
160 pendit in Autariva, et pour ses despens   XXVI s.

Item pour j. teraroz pour percie les bornel VI s.

Item ou Rey por charreye les bornels in Autariva XIII s.

Item oudit Rey pour charreye les chievre deis bor-
nels IIII s.

165 Item eis manovreir qui hont fait lo terraul pour mectre
les bornels, et pour aydie a Aubert LXII s. X. d.

Item a Pierro Freneir por ferra les bornels VI s.

Item a Aubert ly chappuis por LXVIII jornaes faites
eis bornels VI l. XVI s.

170 Item pour lo marrin de l'estrabloz deis vaches XLVIII s.

Item mays pour marrin XXVIII s.

Item pour ij. dozannes de lactes V s.

Item pour XIII dozannes de lactes XXX s.

. . . .

37

ORDONNANCE
CONCERNANT LA VENTE DE LA LAINE

Fribourg, 1414, 29 juin. — Publié dans le *Recueil diplomatique
du canton de Fribourg*, vol. VII, Fribourg, 1863, pp. 40-41,
et revu sur l'original conservé aux Archives de l'Etat de Fri-
bourg, Ire Collection des Lois, n.º 248, f.º 74.

Remembrance que lo venrudi apres feste Nativitei
sain Johan Baptiste, l'an mil CCCC et xiiij, est concorda-
blemant ordinaz per consel, LX et ij^e, attendent les grant
awoi et barat qui se font eis lannes qui se ameinont de
5 defurs, et se vendont secretemant sain la presence dou
maistre dou poix et deis regardioux de la lanna, et ensi
les bonnes semples gens sont deceues, quar plosour foi
lour trouvent grant faute ou peix et que ly lanna est move
et maullavac, por cen, por eschuir tel barat et por lo com-
10 munal profit de totta la ville, hont ordinei ensi com desus
que dixorenant totta ly lanna que l'on aminera de defurs
por vendre, que celle totte se peseit in la maison dou poix

de la ville, et que prumieremant elle se regardeit per les maistres qui regardent la lanna, se celle lanna est bien
15 apparellie, et ensy ly maistre dou poix recovreit son poix apar la ville, et ly maistre regardiour lour peine ordinae. Et liquel qui fareit lo contraire qui ensi vendroit lanna qui non fust pasee et regardee en la dite maison dou poix, doit estre condampnaz, tantesfoi quantesfoy ly contraire
20 avindroit, por une chascone sache, grosse et pittitte, por LX sols los., a recovreir per lo burgermeister per clamme ou per notesce.

38

COMPTES DE L'HÔPITAL DE FRIBOURG
POUR 1415-1416

Extraits.

Fribourg, 1415-1416. – Texte inédit publié d'après l'original qui se trouve aux Archives de l'Etat de Fribourg, Comptes de l'Hôpital 1415-16.

. . . .

La mission pour seier et fenar les clos de la granges, et pour femar, esdarbonar, clore, tallie verges et faire palices et pour seier et fenar les recors de clos dessudit.

Primo ay delivre pour XXVI jornaes de setours
5 qui ont seier les clos dessudit, la jorna contee XVIII d.
somma   XXXIX s.

Item pour XXXVIII jornaes de feniours qui ont aydier a fenar le fin deis clos dessuditl, a jorna contee XII d.,
somma   XXXVIII s.

10 Item pour LV. jornaes de fenery qui ont aydier a fenar le clos dessidit, la jorna contee VIII d.,
somma   XXXVI s. VIII d.

Item pour XIX jornaes de setours qui ont seyer les recors deis clos de la granges, la jorna contee XVIII d.
15 somma   XXVIII s. VI d.

Item pour XXj. jorna de fenery qui se sunt aydies
a fenar les recors dessudit, la jorna contee VIII d.,
somma   XIIII s.

Item pour LX. jornaes de manovreir qui ont gitar et
20 espanchier femer, et qui ont chargie femeir et auxi bechie
apres la charrue   LX s.

Item pour VIII.^{xx} xvj jornaes de manovrez qui ont
tallie et apparelie verges, clos et plantar ages et pallices
et esdarbonar les pras dessudit, la jorna conte XII d.
25 somma   VIII l. XVI s.

Item pour XXXV. jornaes de sarclery qui ont sarclar
les blas et les avene de la grange, la jorna contee V. d.,
somma   XIIII s. VII d.

. . . .

La mission deis ovreirs cy appres escript.

30 Primo ou mary de la fillie Richar Porteir pour tiestre
une tele   X. s.

Item ay delivre a Nicollet lo cordeir dou Bor pour lieres,
trayt et plusours autres cordes pour les chers XXIIII s. X d.

Item mays pour X. lires et autres cordes achitee sus lo
35 pont de la chappella por les chers   IX. s. II d.

Item por conriar et apparelier cuor pour faire solars V. s.

Item ou mary de la fillie Peter Sviczer pour dos fers
nouf mys en l'ogi   XVI d.

Item a P. Borgeis pour aydier a foneyer en l'espitaul
40 per un jor   XII d.

Item ou mary de la fillie Richar Porteir pour tiestre
une tele   X. s.

Item Mermet Pesay pour tacunar bottes por les may-
gnies   XVII s. VI d.

45 Item a Perro Favre pour III^c. fer nouff de chinaul, lo
fers conte VI d., somma   X. l.

Item ou dessudit pour VI^{xx}. XII fers remuar, lo fers
conté ij. d. somma   XXII. s.

Item ou dessudit pour ferrar rouwes nouves et melliorar
50 les chers, assis et metre lieres et faire chivillies et ouges

126

de fers, et pour melliorar et faire fossous, destraul, pi-
ches et plusours autres choses de son mestier, per tot l'an
de que il a laysie de grace XII s. Et per ensi ly ay
delivré   VI l. XVIII. s.

55 Item ou dessudit pour ung fers pour lo mulin de Glana,
pour le droit de l'espitaul   III. s.

Item ou dessudit appart Mermet Bovet de Cormoraul,
liquel a fait son hers l'espitaul   V s.

Item a Mermet Mermilliod pour IIII^{xx}. V. fers nouff de chi-
60 naul pour la grange, lo fers conte VI. d. somma XLII s. VI d.

Item ou dessudit pour lo fers remuar, lo fers conte ij d.
somma   VIII s. II d.

Item ou dessudit pour faire sot, cutre, trin, fossours
pour la grange et plusours autres choses de son mestier L s.

65 Item a Nicho Genevers pour faire une charruez nouves
et une seppe de charruez   VI. s.

Item a Henry Wagner pour XVIII rouwes nouves et
por cuvit, assis, ridalles, intres, brissoules nouves et pour
melliorar et faire plusours autres choses de son mestier
70 pour les chers per tot l'an   VI l. X. s.

Item ou dessudit pour faire dos poling nouff et metre une
palanche en ung autre poling, pour dechargie lou vin VI. s.

Item ou cordeir dou Bourg pour viij lieres pour les chers
et pour chevestroz et chaciery   Xiiij. s.

75 Item a Hensli Wirz una tinaz nouva pour bagniez les
dames d'anfan, et pour tignie nouf, jaletes nouves et pour
rellier et melliorar eschieso et bagniolet et plusours autres
choses de son mestier   XXI s.

Item ou Bron lo boraleir pour cussignie XV. borrel, lo
80 borrel conte XVIII d., somma   XXij s. VI d.

Item ou dessudit pour X. preingent   XIII s.

Item ou dessudit pour V. pair de forray, la payre conte
V. s. somma   XXV s.

Item ou dessudit pour corrayer iiij borrel   iij. s.

85 Item a Johan dou Visinan escoffoir pour faire xxxj paire
de solair nouff pour le maygnies, la payre contec V. d.,
somma   XV s. VI. d.

Item ou dessudit pour CXV. paires de solar nouff, la paire conte V. d. somma   XLVII. s. XI d.

90 Item ou dessudit pour affetier iiij. cuor de bouz, V. cuor de vache, vj. cuor de chivaul et X. pels de vels LIII s. VI d.

Item a Peterman Wolf lo salleir pour brides nouves, mellierar sales, soresales, brides et taconar plusours autres choses de son mestier per tot l'an   LXXVI. s.

95 Item a Uelly Kutler pour XXVI. l. de grayse pour les chers, la livre contee VI d., somma   XIII. s.

Item a Mermet Pesay pour taconar bottes pour les magnies   XII. s. j. d.

Item ou tissot deis teles pour tiestre dues teles XX. s.

100 Item a Peterman Moery pour vj. doczanes et vij. eschines de fers ou col   XXj. l. X. s.

Item ou dessudit pour XXXVj. l. de fers de raquisa   X. s. VI. d.

Item ou dessudit pour X. carrel d'acie   VI. s. VIII. d.

105 Item ou dessudit pour xxxvj. l. de fers lombar XVIII. s.

Item a Alix feme Cuono Chandelleir pour faire torches de cire et cierges de cire et chandeles   XXX s.

Item a Uelly Kuttler pour fondre . ciiij . l. pesant de syours pour faire enture pour endre les chers XIII. s. viij. d.

110 Item a la fillie Richard Porteir pour tiestre une tele X. s.

. . . .

La mission pour achitar serays, fromage, buroz, ous, chers fresche achitee ou masel, pessons, arens et nueys et faire conposta pour la Caremaz.

Primo a fait don Johan Gruery la questa deis fromages,
115 et ly est heu per xj. jors et ly ay delivré pour son salliayre   XII. s.

Item a Johan Gruery pour aleir awey lo dessudit per xj. jors en fassent la queste dessudicte   X. s.

Item ont despendu ly dessudit en fassent la questa des-
120 sudicte outre cent que il ont recovre en argent, et pour amineir les fromage dessudit   XII s.

Item a Berchi Bauwart de Planfaion pour appoteir

vj. serays bas de la montagnie de Keysericka et amyneir
a l'ostel   XXIIIj. s.

125   Item por xxxj. serays achité ou marchie devant Nostre Da-
me per parcelles de plusours gens XXVIII l. III. s. VII d.

Item por fromage sisschilling et feterlin fres achité ou
marchie devant Nostre Dame de plusours gens per parcelles
por tot l'an   XXXVIII. l. IIII s. IIII d.

130   Item pour ous achité ou marchie devant Nostre Dame per
parcelles de plusours gens pour tot l'an XIX l. XIX. s. XI d.

Item a fait la questa deis ous de Pasque Piero Cuanie de
Nonans et Johent de Cormannon son conpagnions et ly
sunt heu per xj. jors et ont despendu   XI. s.

135   Item eis dessudit a chascon por xj. jors en fassent la
questa dessudicte, la jorna contee XII. d. somma   XXII. s.

Item pour buroz achité ou marchie devant Nostre Dame
per parcelles de plusours gens por tot l'an IX. l. iij. d.

Item por chers fresche achitee ou masel por la tabla et
140 les cheppellans eis bones festes   IIII l. X. s. IX d.

Item por pesson fres por l'ostel et les chappelain eis
bones festes   VII l. VIII s. j d.

Item a Jaqui Tachs pour ung tignons d'arens
                                      VIII. l. XVII s. VI d.

145   Item por nueys achitee ou marchie devant Nostre Dame
per parcelles de plusours gens pour la Careme X. l .XII.s.X.d.

Item a Piero Morie d'Avencho pour . IIIᶜ. de chos cabus
pour la composta   XXXVI. s.

Item pour . iij . quarteron d'arens achité devant Nos-
150 tre Dame   Xiij. s.

La mission pour achiteir saucza.

Item ay delivré a Cuano Iota pour espeices et sucro
que il ad achité a Geneva pour la mayson IIII.l. XII. s. VI.d.

Item pour saffran achité ou marchie devant Nostre
155 Dame   V. s.

Item a Johan Wiber pour especes achitee a Geneva
pour la mayson per lo dit Johan   XXXIIj. s. VII d.

Item a Piero Compagnions pour especes   Viij. s.

Item pour ung pang de sucro et plusours autres especes
160 achitee a Geneva pour les malades et l'ostel LXIII s. IX. d.
Item a Jo. Wibert pour gingebro et pour amandalles XII s.

39

FARCE DU VALET QUI VOLE SON MAÎTRE

Fragments.

Vevey, vers 1520. – De cette farce, oeuvre sans doute d'An-
selme Cucuat, originaire de Cluses en Faucigny et notaire à
Vevey dès avant 1512, et certainement apparentée à *L'aveu-
gle et son valet*, il ne reste que trois fragments du rôle du Va-
let, avec la mention de quelques mots, les derniers de chaque
tirade, de celui du Maître. Le premier de ces fragments, for-
tement rogné à gauche, paraît surtout contenir des regrets
du bon vieux temps et une satire de la noblesse et du menu
peuple; les deux autres commencent par décrire une rencontre
de voleurs, récit destiné à effrayer le Maître, qui portait sur
lui cent écus qu'il n'avait pas voulu confier à son domestique.
Celui-ci, pour le dépouiller malgré tout, profite de la nuit
noire pour simuler une attaque de brigands: il feint de s'enfuir,
mais, dans l'obscurité, joue l'un après l'autre les rôles des
soi-disant quatre brigands, le Lombard, le Picard, l'Allemand
et le Gavot (ce dernier n'a pas été conservé). Le marchand
une fois dépouillé, le Valet réapparaît et s'excuse de sa frayeur
et de sa couardise. Enfin Maître et Valet se consolent en pen-
sant qu'ils trouveront un gîte à l'hôpital. J'ai publié ce texte
avec une traduction sous le titre de *Quelques textes du XVIᵉ siè-
cle en patois fribourgeois*, Archivum romanicum, vol. VII (1923),
pp. 306-313, et c'est ce texte que je reproduis plus bas, après
l'avoir revu sur l'original conservé aux Archives de l'Etat de
Fribourg, Littérature n.º 4, et l'avoir muni d'une ponctuation
moderne. Sur la date probable de la représentation de cette
farce, cf. P. Aebischer, *Le lieu d'origine et la date des fragments
de farces en franco-provençal*, Archivum romanicum, vol. XV
(1931), pp. 512-540, et sur l'auteur, P. Aebischer, *L'auteur
probable des farces jouées à Vevey vers 1520*, Archivum roma-
nicum, vol. XVII (1933), pp. 83-92.

130

Fragmt 1] . . . . pidau

[*Le Valet*]

]fere fort lo mar[ti]n tau
On] que mex ne fu lo paret.
Vot z-ave ung genti vaulet:
5   En] tretini lot pix galliard!
]ne viczet onque ralliard
]ne yot siot por lo myczix.

              baccon.

]d[ ] non adix a chacon
10   ]me[n]a sin vuerot crya
]san De! no faul cz-i alla
]se m'eczre aparillie?
]syn que vo tiny tan myx
Un]g po a dre voczra violla
15   Fer]e ne fault ren de triolla
]nant si t'a gran segnyori.

              aultra ve.

]e vot besin de lot save?
San, ne lot poude vo pa vere?
20   ]t a changie toute magnere;
Mon]ne, chapuyt, ecoffe ne maczon
N]e ne ovrant ti a taczon,
Com]ment se mex n'avan beu gottaz.
]ne sare vere una botta
25   ]simble silleor d'aultra ve.
]ne faczon qu'on ne trove
De]jor in jor lo tin se change..
]t fa la chose tan eczrange
]a que s'e ung terriblox fez.

30   le nobloz.

]ne chasczon manque e nobloz
]la terra et e z-ecu
]puczet por tappa de cu
Ve]rement il sont diligent.
35   ]pant por païx sin argent

131

]ique ve: et ne sont czit pa sagot.

don.

]ex l'auvragot
Ti]t, a gran forczet de promesse
40]vot jureront par noblesse
« Se] je vous puis de rien servir,
Or]venés a moy, mon amys:
Je] suis tout vostre! »

common.

45 M]a fe, treczot va a common.
Su]lly que pou fere, se fa;
Que chante my, l'aultro sol, fa;
A]ultrot chante la martin gala;
Que dancze au pelot, l'aultro la sala.
50 Common n'a ten de leaulta:
L'ung] vault bon tin, l'aultre cherta,
Et] ne li at marchan ne nobleczit
Quit ne] chasse a l'avariczit.

Fragmt 2] De gran puerit qui ll-an ja s-au
55 Qu'on ne pau pa migix do s-au
In pix qu'on ne myne un'alarma:
Pierrot prannye una gisarma,
Jaquet prannyet usa collovrynat,
Nyco prennyet sa peterinat
60 Por mettre dedant son placzront!
Il n'ecze tan dollan cuarczron
Que ne penssa fere valliançzit!
Yot vot jurot, per ma conczianczit:
San ecze ung terriblot fex!
65 Or avant, meczre, in effex!
Pensa ve de mocza be cort!
Or su, butade in acort
Le corde de voczra violla.
Fere ne fault nyn de triolla!
70 Ora est tin de l'eseyex.
Il ne not fault vueront logix,

132

Ma fault juyix de voczra cziinczit.

ve.

Le sellot, et lot czix avue,
Ont perdu demix lour clerta:
Il sont dessandu dinse ba
Qu'on le pau touchie de la m]an!

not s-in.

Ma fe, meczre, y ex gran porsin
Comment not saudrin de si bo!
S'e lot jorat.... Acuta ung po,
Ne portade vot ren d'argent?
Il diont qu'on saqua de gent
Autra ve: vesit le tecze et le s-o.

curtat.

Ma reuarda sit l-a dit borta!
Yot sex bin qu'ill a cent z-ecu
Que sont cosu denssu son cu
In sa roba, secretament!
N'e cz-it pa mauvex garnement
Que ne cude que ne lot sachot pa?
Yot le aprendri son pe a pa!
Dy que il ne me peult vere,
Yot le vuyt fere a increre
Que veyot lex quatro nuitre.
Alarma! Jhesu, sante Pitre!
Meczre! que pau se se sauvex!

fenanczit.

Vesit iiii Picar de Franczit
Que not vingnon su por not convia!
Sangot de my! te mancat amachar!
Da my la roba et le denare!

pardonna!

Sango de my! [te mancat amachar!]

frare.

A la mort, villain palliard:
Il fault d'argent por alle boyre!

Fragmt 3]   Sa! lo z-ecu, loz cart, loz tot!
          Et fault vivre, lo copagnyon!
110   Bex sang, i arex tot texton,
          Et lo z-abilliement, et tot!
                   nove an.
          Guenier galliter frigaban
          Vud indre doc heser frilorum!
115   larma.
          Meczre, not z-avin s-au un'ala[rma!
          Le at bin tre que ne vot s-au gr[ava.
          Quan t-a de met, yot syot sauva
          Par ma fe, derre ung perre!
120   que yex
          Ne sare, meczre, s'a De plex!
          Yot vot derry pliczo ma rob[a!
          Il not s-an fe juczisit corba!
          Ma, per De, vot z-ind ecze dig[no.
125   Quan t-a quan yot determinot:
          Fault vot dyot voczot cat.
          Usy me ballix le ducat
          Et il ne fussan pa perdu!
          Ne m'ava pa intendu
130   Quan vo dise: « Ballix le met? »
          Yot vot z-asirot et vot promet
          Que yot le z-usot bin sauva!
          Alla aprix, et le trouva:
          Il sont ja in quatrot pay!
135   Vot z-in fede bin l'ebay:
          L'ung est ga[v]ot, l'autrot et lon[bar,
          L'aultrot allament, l'aultro picar,
          Por cuy vot z-ave san amassa!
                 l'epitaul.
140   Oncque bornot yot ne vi taul,
          C'use se fillie in suti monde.
          Ma ve vot sit au yot me fond[e:
          Orindre not z-audrin tot sur:
          De ducat n'avin not plit su[r,

134

145 Ne de teczon, ne de moneaz!
Yot preot a Nocza Donna l'Ale[az
Que not voulliet bin chedalla!
Nuwe! meczre, not fault all[a
Marindona in l'epitaul!
150 Yot portot sit ung aciriaul
Que not z-avin saul in la fecza.
De bon vin plena la tecza,
Et puit dromerin tanque deman!
Me bex segnor, a De vot comman.
155 Et vot plese not pardonna!
Y ex balla fre e dure man:
Me bex segnor, [a De vot comman!

40

CHANFON DE LA COMPLANTA
ET DESOLAFION DÉ PAITRÉ

Genève, vers 1535. — Chanson satirique en neuf couplets de
treize vers, signée du nom (qui n'est sans doute qu'un pseu-
donyme) de Jehan des Prez, dirigée contre le clergé catholi-
que, qui se lamente sur tout ce qu'il a perdu par suite de l'in-
troduction de la Réforme. Le texte n'est connu que par deux
copies du XVIIe siècle dues toutes deux à David Piguet (1580-
1644), et a été publié entre autres par E. Ritter, *Chanfon de
la complanta et desolafion dé paitré*, *Mélanges Chabaneau*, Er-
langen, 1907, pp. 191-196. C'est cette édition qui est repro-
duite ci-dessous: je n'ai fait que munir le texte d'une ponctua-
tion moderne, et couper certains mots.

Notron Evéque n'ai pa béqué:
É dy de bale reyson
E coudé dire dé messé:
E ne di que dé chanfon.
5 E denne à la pouvre gen
Dé perdon per leu-z argen,

E fa de to a sa guisa
De parady marchandisa,
  Le bon hom !

10 Ne son-t y pa bin infamou
De dépesy noutra Ley,
Cetou Luther detestablou
Que von contre noutra fey ?
No lou farin teny quey
15 San tan publiy leu ley,
Per san qu'ele n'ay pa tala
Que la noutra, qu'é tan bala,
  Verdondon !

Noutron Di a meilleu grafe
20 De preu che le leu n'a pa:
A no bin megi se lasse
Et beire son san à par;
No le tegnin anfrema
Deguien l'armair', à la cla
25 En una boita tan bala,
O no ly in fay sa salla
  To du lon.

Noutra messe, qu'é tan degné,
Y l'apalon folera;
30 Et de touté noutré mené
Que nou facin à l'outa,
Et de no dire to ma,
Ne s'en savon deporta,
May no ronton la cervala
35 A forcé dé carquevella,
  Verdondon !

Lou san que a l'églaisé,
Idolé, leu-z on mey nom ;
Et noutre santé reliqué,

Dion qu'et abusion;
Que ne leu-z uffré dé don
Ne gagné min de pardon!
Mai va contré la parola
Du Papa, qu'et bonn'et bala,
     Ce di-t on.

No lou-z in tan lassia faré,
Qui no-z on du to detruey
En praigean cet'Evangilou
Que va contre noutr'Edé.
No-z avion preu de credé,
No viquion san contredé
Avoy quaqué damouysalla,
Fusse mariaye u pussalla:
     C'est tot on.

No fasion tojor gran cheira
Et ne travaillivon ran:
Se no megi et bin beyré,
Devesa de quaqué ran,
Sauta, dansi en perpouan.
Tojor d'argean a plan pouan,
Far un tor permy la vella
Per baizi quaqué femalla:
     San-z et bon!

Per mio vivré a noutron-z aizou,
Pa maria no n'étion;
Mai de tota la paroché
Lé plé balé no-z avion,
Por que mariaye éton.
Bin no lé-z antretegnion,
Leu fasan unna gonnalla
De quaque façon novala,
     Verdondon!

De chain, d'isé et de garsé
Avion gran provesion,
75 Et de batar preu per fare
Una gran procession.
Cety tran plé ne facin....
Laissa! ey ne meu pa bin
Per cela Ley qu'é tan balla,
80 Que no tegneyn en la malla.
Bribondon....

O! qu'an depy de l'affaré
Que n'y avion plé tou su!
No-z eussion apprey à faré
85 Quaque borsa u tissu....
No sein bein la! to dessu
To lou ma no tombon su....
Per to on dy ma dé praitré,
Lo-z apallan larre et traitré:
90 — San qu'i son!

Se cety tan dure guairou,
Je crey qu'é no-z ancreitra.
Noutron Di, qu'et en l'armairou,
On matin delozera.
95 Mai bin on le gardera,
Qu'é ne sey megia dé ra,
Per san qu'é n'a rin d'offrande,
Man a Paque qu'a Chalande,
Bribondon....

100 D'argean, torché et chandeylé,
Plé on ne noz uffrera;
Tote noutre censé et renté,
Du to on no-z outera;
Don travailli no fudra
105 (A man que megi vudra),

138

Et lassy la maqueralla
Qu'allave queri la balla.
            Bribondon....

No-z avion bonn'espérancé
A l'Amperiu et u Rey,
Qu'ey farion groussa vengeansé
De Luther et de sa fey.
Y on bin fay leu dayvey
Per mantegny noutra Ley!
Noutron fay va a l'empire!
Per san n'et à no à rire:
            Plorin don....

41

CÉ QU'É LAINO

Extrait.

Genève, première moitié du XVIIe siècle. — Chanson de 272 vers
que l'on chantait le jour anniversaire de l'échec de l'attaque
de Genève par Charles-Emmanuel, duc de Savoie, le 12 dé-
cembre (ancien style) 1602. Ed. O. Keller, *La chanson de
l'Escalade de Genève*, Genève, 1931, pp. 31-39. Pour la biblio-
graphie, cf. L. Gauchat et J. Jeanjaquet, *Bibliographie lin-
guistique de la Suisse romande*, t. I, Neuchâtel, 1912, pp. 167-170.

Cé qu'è lainô, le Maitre dé bataille,
Que se moqué et se ri dé canaille,
A bin fai vi, pé on desande nai,
Qu'il étivé patron dé Genevoi.

I son vegnu le doze de dessanbro,
Pè onna nai asse naire que d'ancro,
Y étivé l'an mil si san et dou,
Qu'i veniron parla on pou troi tou.

Pè onna nai qu'étive la pe naire
I veniron; y n'étai pas pè bairè:
Y étivé pè pilli nou maison,
Et no tüa sans aucuna raison.

Petis et grans, ossis an sevegnance:
Pè on matin d'onna bella demanze,
Et pè on zeur qu'y fassive bin frai,
San le bon Di, nos étivon to prai!

On vo dera qu'étai cela canaille.
— Lou Savoyar contre noutra mouraille
Trai eitiellé on dressia et plianta,
Et par iqué, dou san y son monta.

Etian antra, veniron u courdegarda,
Yo i firon onna ruda montada.
Is avion tenaillé et marté
Qu'étivon fai avoi du boun acié,

Pè arraci lou cliou et lé saraille,
To lou verreu et tota la féraille
Qu'on rancontré an dé pari andrai,
Et qu'on bouté pè n'eitre pas surprai.

On eitablio is avivon forcia,
Et d'on petar qu'is avivon teria
I coudavon deiza eitre à sevau:
I n'étivon pas assé monta yo.

Sen Altessé dessu Pincha étive.
Yon d'autre leu s'ancoru pè li dire
Que le petar avai fai son aifour,
Qu'on alavé fare antra to lo grou.

Is avion delé lanterne seurde;
Contrefassion celé grousse greneuille.

Y étivé pè alla et vegni,
Pè que zamai nion lou pu décrevi.

Picô vegnai avoi grande ardiesse.
Pè fare vi qu'il avai de l'adresse,
I volivé la pourta petarda:
Y et iqué yo i fu bin attrapa.

I volivé fare de tala sourta
Qu'are volu tote einfondra la pourta,
Et l'are mé pè brelode et bocon;
Poi sare alla to drai dessu le pon.

Lou pon-levi, i lous arion bassia,
Arion outa to ce qu'are anpassia,
Pè fare antra l'escadron de Savoi.
Vo lou verri bin tou an désarroi.

Car on seudar qu'aperçu to sozice,
To bellaman bouta bas la coulice,
Poi va cria qu'y se fallai arma,
U atraman no sarion to tüa.

I fu hassia queman delé harbette,
Poi anfela queman dés alüette;
I fu créva queman on fier crapio,
E poi saplia queman dés atrio.

Drai u cliossi, on va sena l'alarma;
En méme tan, on crie « E arme! é arme! »
De to andrai on vi dé zan sourti,
Que desivon: « Y fay vaincre u mouri! »

Is alaron vitaman su la Treille;
Yon d'antre leu s'aveza d'onna adresse:
E fi alla queri lé mantelet
Pè s'an servi queman de parapet.

I roulavon d'onna tala fouria!
Et pè bouneur is étivon rouillia;
I fassivon ancora mai de brui
72   Qu'on bovairon ato cin san chouari.

Pè cé moyan on prai le courdegarda,
Yo l'ennemi fassive bouna garda;
Le falliu bin quitta é Genevoi,
76   U désonneur de tota la Savoi.

Lou Savoyar vito priron la fouita,
Quant i viron ranversa la marmita,
Yo is avion bouta couaire à dina
80   Pè to celeu qu'is avion ameina.

Is alaron vito à la Tartasse
Yo l'ennemi criave de gran raze:
« Vivé Espagne! Arri! Vive Savoi! »
84   Y è orandrai qu'on tin lou Genevoi »!

Lou Genevoi, qu'avivon gran corazo,
Firon bin vi qu'is étivon dé bravo,
De se batré contre dé zan arma
88   Dai le manton quanqué à leu cholar.

42

PLACARD DE JACQUES GRUET

Genève, 1547. – Libelle écrit par Jacques Gruet contre les
ministres protestants. Ed. J. Jeanjaquet, *Le placard patois
de Jacques Gruet*, Bulletin du Glossaire des patois de la Suisse
romande, 12ᵉ année (1913), p. 63. Cf. pour des renseignements
bibliographiques sur l'auteur et sur son pamphlet, J. Jeanja-

quet, *art. cit.*, p. 54, et L. Gauchat et J. Jeanjaquet, *Bibliographie linguistique de la Suisse romande*, t. I, Neuchâtel, 1912, pp. 163-164.

Gro panfar, te et to compagnon gagneria miot de vot queysi ! Se vot not fade enfuma, i n'y a persona que vot gardey qu'on ne vot mettre en ta lua qu'epey vot mouderi l'oura que james vot saliete de votra moennery. Et mezuit
5 prou blama ! Quin dyablo ! Et tot sut que cetou fottu pretre renia not vegnon ice mętte en ruyna. Apret qu'on a prou endura, on se revenge. Garda vot qu'i ne vot nen pregne comme i fit a mosiur Verle de Fribor. Not ne vollin pa tan avey de metre. Notta bin mon dire.

GLOSSAIRE

abiarro, s. m. 28, 236; attelage

aciriaul, s. m. 39, 151; petite monnaie

acullian, p. prés. 28, 220; aiguillonnant

affara, v. inf. 28, 256; nourrir

affichie, p. p. m. s. 30, 49; mis en vente

ages, s. f. pl. 38, 23; haies

aijour, s. m. 41, 35; effort

alberz, s. m. 12, 139; logement

ambessi, s. f. 10, 49; vase

amorta, p. p. f. s. 28, 211; éteinte

anna, s. f. 10, 2; charge d'un âne

annas, s. m. 3, 37; aîné

anoal, s. m. 3, 24, 25; messe d'anniversaire

ansapla, 3e p. s. pr. ind. 28, 251; aiguise

anzeysson, 3e p. pl. pr. ind. 28, 293; prennent

araize, 3e p. s. pr. ind. 28, 255; dispose

arrapat, p. p. f. s. 5, 34; collée

arz, s. m. pl. 12, 108; p.-être attelages

at, s. m. 10, 251; compte

atos, s. m. pl. 12, 11; rôtis

atrio, s. m. pl. 41, 60; boulettes de foie hachées

attrincon, s' –, 3e p. pl. pr. ind. 28, 286; se parent

avitta, v. inf. 30, 67; éviter

awayt, s. m. 35, 30; tromperie

awoi, s. m. pl. 37, 4; tromperie

bachat, s. m. 5, 18; auge

banchajo, s. m. 12, 134; droit sur les bancs du marché

bandeis, s. m. pl. 12, 114; produit d'un terrain réservé

barreir, v. inf. 35, 40; empêcher la vente

bateri, s. f. 10, 70, 71; batterie de cuisine

benes, s. f. pl. 8, 21; sorte de seau de bois

benesta, s. f. 36, 40; corbeille d'osier

benners, s. m. pl. 10, 54; fabricants de seaux de bois

bétanta, v. inf. 28, 237; tarder, hésiter

betorne, 3e p. s. pr. ind. 28, 239; passe la charrue une seconde fois

beuro, s. m. 10, 163; castor

bicherays, s. f. pl. 24, 6 etc.; mesure agraire de la contenance de 12 ares 877

bina, 3e p. s. pr. ind. 28, 248; bine

bisons, s. m. pl. 8, 36; bêches, pioches

blette, adj. f. s. 18, 7; molle, tendre

blotte, s. f. pl. 5, 29; mottes de terre (?)

bollie, s. f. pl. 28, 298; jeunes filles

borta, s. f. 39, 87; mensonge

boter, s. m. 28, 258; hotte

brelode, s. f. pl. 41, 47; lambeaux

brissoules, s. f. pl. 38, 68; parties mobiles de l'avant-train d'un char

broci, s. f. 12, 70; broussailles

buec, s. m. 12, 60; bois

buge, s. f. 28, 225; écurie

buye, s. m. 5, 18; cuvier à lessive

canna, s. f. 13, 63; mesure d'une aune et demie

capio, s. m. 5, 49; avant de navire; ici, au sens fig., premier

cesses, s. f. pl. 12, 55, 56; cens, fermage

chacipouz, s. m. 23, 1; agent de perception

chalp, s. m. 12, 31; foulage

chamarat, s. m. 5, 15; manteau passementé

chareiti, s. f. 14, 33, 67; cherté

charpignet, v. inf. 29, 546; mettre en pièces

chazerassy, s. f. 5, 30; éclisse de fromage

chedalla, v. inf. 39, 148; protéger

choleuz, s. m. 12, 221; petite lampe à crochet

chouari, s. f. pl. 41, 72; charrues

chulion, 3e p. pl. pr. ind. 28, 291; regardent en clignant des yeux

ciament, s. m. 12, 220; chute

clavin, s. m. pl. 36, 151; clous dont on se sert en partic. pour fixer les bardeaux

cliossi, s. m. 41, 61; clocher

clussey, 3e p. s. pr. 28, 218; glousse

conscienciz, s. f. 30, 30; cas de conscience, devoir

consina, p. p. m. s. 1, 71; consigné

cordella, s. f. 30, 31; ruban servant de ceinture

corrier, s. m. 13, 17, 78; officier de justice

coutaramber, s. m. pl. 5, 42; sens inconnu

creysen, s. f. 30, 73; gâteau de pain

crozet, s. m. pl. 30, 76; sortes de pâtisserie

crunichies, s. f. pl. 10, 169, sorte de vêtement

cruchyt, s. f. 36, 98; son

cua, s. f. 13, 76; futaille d'environ 400 litres

cua, 3e p. s. pr. ind. 28, 218; fait couver

cuarczron, s. m. 39, 62; couard

cuaul, s. m. 36, 97; peaux servant à faire cailler le lait

cuerde, s. f. pl. 30, 64; courges

curtisse, 3e p. s. pr. subj. 12, 221; détériore

cussignie, v. inf. 38, 79; faire

cuvit, s. m. 38, 68; partie de roue

dar, s. m. 28, 251; faux

decapita, se–, v. inf. 22, 75; se rompre la tête

décrevi, v. inf. 41, 40; découvrir

delaza, p. p. adj. 28, 226; déplacé

delocha, p. p. adj. 28, 227; disloqué

demeclia, v. inf. 28, 226; dégager

demo, s. m. 1, 42, 62; dîme

depia, p. p. adj. 28, 24; dispersé

derrey, s. m. 22, 83; désarroi

digna, s. m. 36, 5; dîner

dolers, s. m. 12, 74; tonnelier

drappalamant, s. m. 35, 4; fabrication des draps.

duelles, s. f. pl. 8, 56; douves de tonneau

ébau, s. m. 28, 287; joie, contentement

einces, prép. 34, 28; avant

elliez, s. m. p. 33, 1; élus

emoda, p. p. m. pl. 28, 287; émus

encello, s. m. pl. 36, 26, etc.; bardeaux

encuraz, s. m. pl. 33, 8; curés

enduchi, prép. 12, 168, 180 etc.; jusque

engrotat, p. p. 5, 51; engourdi

enterquia, s. f. 28, 268; blé de Turquie

enture, s. f. 38, 110; graisse

eparmentat, p. p. subst. 5, 52; expérimenté, habile

epeya, s. f. pl. 29, 762; épées

epilli, v. inf. 28, 219; chasser devant soi

eplét, s. m. 5, 12; avantage, profit

ero, adj. 28, 266; aigre

eschalones, s. f. pl. 8, 30; échalottes

eschieso, s. m. 38, 78; cuvier, cuve

esdarbonar, v. inf. 38, 24; chasser les taupes

espez, 1e p. s. pr. ind. 30, 111; j'espère

essegar, v. inf. 9, 21; essayer

essui, adj. 28, 266; sec

esteters, s. m. 12, 214; tripier qui vend les têtes

etio, s. m. 5, 33; été, saison

etogie, 2e p. s. impér. 5, 22; épargne

etouye, 3e p. s. pr. ind. 28, 255; rentre

farseisont, 3ᵉ p. pl. pr. ind. 12, 212; farcissent

fest, s. f. 12, 182; comble d'une maison

fila, s. m. 5, 34; filet

foliours, s. m. pl. 35, 74; foulons

foneyer, v. inf. 38, 39; cuire le pain

fossa, v. inf. réfl. 5, 25; manquer à son devoir

frauria, s. f. 3, 32; confrérie

frenique, 3ᵉ p. s. pr. ind. 28, 210; est transporté de

fruit, s. m. 36, 71; production laitière, en partic. fromage

furnillé, s. f. 10, 49; fournée

gallozette, s. f. pl. 28, 285; amies

garri, s. m. pl. 29, 254; guerriers

gére, inf. subst. 5, 3; repos, sommeil

graney, p. p. f. pl. 5, 1; chargées de graines

greuz, adj. subst. 12, 46, 65, etc.; grincheux, fâcheux

groffo, s. m. 28, 268; gaufre

guille, s. f. pl. 5, 5; quilles

heregioz, s. m. 30, 61; sorcier

hublias, s. m. pl. 12, 22; oublies

huers, s. m. 12, 148; jardin

hutal, s. m. 10, 130; contenu d'une hotte

intres, s. f. pl. 38, 68; jantes

isé, s. m. pl. 40, 73; oiseaux

ivernauz, s. m. pl. 12, 113; blés semés avant l'hiver

jaquete, s. f. pl. 22, 79; pies

joclia, v. inf. 28, 225; atteler

joux, s. m. pl. 13, 21; joyaux

lacho, adv. 27, 55; prob. là-dessus

laniolez, s. f. pl. 30, 12; andouilles

leideers, s. m. pl. 12, 8, 15; collecteurs de la leide

levar, v. inf. 8, 55; percevoir

levrery, adj. f. 5, 35; légère

leytice, s. f. 10, 78; fourrure grise

lieres, s. f. pl. 38, 50, 74; attaches

losaz, s. f. 16, 55; loge

lua, s. m. pl. 30, 33; lieux

mainien, s. m. 12, 136; serviteur, domestique

managio, s. m. 24, 63, 651; domaine rural

mansoies, s. f. pl. 10, 247, 249; charretées

manssero, s. m. 28, 265; journalier

mantelet, s. m. pl. 41, 67; parapet portatif

marcora, adj. 28, 207; découragé

mariajo, s. m. 3, 17; dot

matafan, s. m. pl. 30, 20; beignets

mattafan, s. m. 28, 269; crêpe

mayeri, s. f. 10, 51; barrières en bois

maygnies, s. f. pl. 38, 86, 98; ensemble des personnes reçues à l'hôpital

maysex, s. m. 8, 4; boucherie

mazajou, s. m. 5, 24; hameau

meiz, s. f. pl. 34, 3, etc.; pétrins

mepartir, v. inf. 12, 114; diviser par moitié

metye, s. m. 5, 51; besoin

migoz, adj. m. s. 30, 64; ivre

mirex, s. m. pl. 8, 19; miroirs

mitaner, s. m. 12, 91; métayer

motteta, s. f. 28, 291; jeune fille

moutiz, s. m. pl. 12, 26; peaux alunées

muayson, s. f. 8, 57; mesure

nargouse, adj. f. s. 14, 24; moqueuse, tailleuse

neci, s. f. 1, 34; nièce

niella, s. f. 27, 62; brouillard

nilli, s. f. 12, 162; prob. tourniquet

noiratez, s. f. pl. 20, 7; noyers

noye, s. f. pl. 28, 302; querelles, ennuis

or, s. m. pl. 30, 59; ours.

ouges, s. f. pl. 38, 50; parties de roues

ouvror, s. m. 12, 192; atelier

pagnolliat, p. p. adj. 29, 564; frotté, rossé

pales, s. f. pl. 8, 36; pelles

paliasson, s. m. pl. 5, 41; corbeil-les à faire le pain

palueta, s. f. 5, 21; jeu consistant à sauter, les jambes écartées, par-dessus un obstacle

passey, s. m. pl. 36, 30; échalas

pat, s. m. 13, 101; marché

pau, s. f. 28, 269; pâte

pea, s. f. 1, 25, 72; terrain à bâtir

pees, s. f. pl. 12, 82, etc.; petits morceaux de terrain

pernes, s. f. pl. 10, 163; perles

petarda, p. p. f. s. 41, 43; abattue par un coup de pétard

peteuz, s. m. 8, 34; matras, dard à grosse tête

petoresses, s. f. pl. 12, 21; boulangè-res; *petouresses*, 5, 40; id.

peylat, s. f. 5, 44; poêlée

pia, s. f. 1, 69, voir *pea*

plan, *a-*, loc. adv. 12, 220; facile-ment

pogez, s. m. 8, 41; 10, 31; pouce

poiesa, s. f. 12, 48, 49; sorte de petite monnaie

poling, s. m. pl. 38, 71, 72; ro-binets

proota, s. f. 2, 18; prévôté

Pougenire, s. f. 22, 27; Pléiades

pousse, s. f. pl. 5, 39; gorge, seins

poz, s. f. pl. 12, 230; planches

preingent, s. m. 38, 81; partie de harnachement

puard, v. inf. 36, 131; tailler la vigne

quacoda, v. inf. 5, 60; dorloter

quetan, f. prés. m. s. 22, 29; guet-tant

rafolla, s. f. 5, 46; historiette, conte

rafoulouza, s. f. 5, 40; ravaudeuse

rapey, 3ᵉ p. s. pr. ind. 23, 245; grimpe

rasex, s. m. pl. 8, 23; radeaux

rebrète, 3ᵉ p. s. pr. ind. 29, 522; rebrousse chemin

recont, 3ᵉ p. s. pr. ind. 12, 37; cache

regalia, s. f. 1, 51; rigole

rei, s. m. 12, 37; filet

rei, s. f. pl. 8, 42; racines, carottes

relierre, s. m. 36, 144; tonnelier

revondre, *se-*, v. inf. 5, 9; s'en-terrer

rey, s. f. pl. 28, 247; raies, sillons

réy, s. f. 5, 62; raie

réydissy, adj. f. s. 5, 59; rétive, rebelle

rezéga, v. inf. 28, 224, 242; re-dresser

richon, s. m. 36, 82; motte

rigoz, s. m. pl. 10, 30; espèce de poisson (?)

riortes, s. f. pl. 12, 112; liens d'osier

roman, s. m. 9, 23; romaine, sorte de balance

ruel, s. m. 10, 97; rouleau

saintier, s. m. 12, 66; tenancier d'un bien d'église

sapines, s. f. pl. 8, 25; grands ba-teaux de sapin

saucza, s. f. 38, 152; condiments

sen, adj. m. s. 30, 108; sage

seye, v. inf. 36, 59; faucher

seyvy, interj. 5, 27; eh bien!

signablo, s. m. 28, 233; signe de la croix

simousse, s. f. pl. 5, 40; chiffons

socha, s. f. 28, 223; charrue

solouz, s. m. 36, 19; soleil

soresales, s. f. pl. 38, 93; parties d'une selle

suaor, s. m. pl. 12, 20; cordonniers

sumarde, 3ᵉ p. s. pr. ind. 28, 239; donne à la terre une première façon

taconar, v. inf. 38, 93, 97; rapiécer

tavel, s. m. 10, 88, 90; rouleau de bois autour duquel on enrou-lait certaines étoffes

termenz, s. m. pl. 1, 85; limites

tortal, *a-*, 12, 212; p.-être erreur pour *atretal*

toursela, s. f. 27, 61; petite toux

trajey, s. m. 28, 236; trafic, travail

tratornont, 3ᵉ p. pl. pr. ind. 1 , 230; détournent, perdent

trazeyrie, se –, v. inf. 5, 7; se tra-
casser

trenoussa, v. inf. 5, 26; se trémous-
ser

tresmees, s. f. pl. 12, 112; trémois

treyvo, s. m. 28, 221; carrefour

troliares, s. m. 8, 52; fabricant
d'huile

tueri, s. f. 12, 170; abattoir

tupins, s. m. pl. 8, 44; sortes de
pots de terre

ursiour, s. m. 35, 34; ourdissoir

usa, p. p. 12, 223; tenu en
usage

veyie, s. f. pl. 5, 8; soucis, préoc-
cupations

viarro, s. m. 28, 235, 238; friche

viat, s. f. 5, 3; nourriture

vieroyt, 3e p. s. pr. cond. 35, 36;
interdirait

vortollie, v. inf. 30, 28; caresser

TABLE DES MATIÈRES

A. FRANCKE A.G. VERLAG BERN

BIBLIOTHÈQUE NATIONALE DE FRANCE

3 7502 01236134 1

www.ingramcontent.com/pod-product-compliance
Lightning Source LLC
Chambersburg PA
CBHW060804110426

42739CB00032BA/2734